北林区政府

秦家现代农业产业园

秦家绿色食品水稻基地

水稻育苗车间

象屿集团

正大稻田公园

北林区水田美景

丰收的水稻

节水设备有限公司

精准扶贫

革命烈士纪念碑

绥化市北林区革命老区发展史

绥化市北林区老区建设促进会　编

黑龙江教育出版社

图书在版编目（CIP）数据

绥化市北林区革命老区发展史 / 绥化市北林区老区
建设促进会编. -- 哈尔滨 ：黑龙江教育出版社，2021.5
ISBN 978-7-5709-2224-6

Ⅰ．①绥… Ⅱ．①绥… Ⅲ．①北林区－地方史 Ⅳ.
①K293.54

中国版本图书馆CIP数据核字(2021)第074658号

顾　　问　于万岭
丛书主编　杜吉明
副　主　编　白亚光　张利国　李树明　李　勃

绥化市北林区革命老区发展史
Suihuashi Beilinqu Geming Laoqu Fazhanshi

绥化市北林区老区建设促进会　编

责任编辑　高　璐
封面设计　朱建明
责任校对　杨　彬
出版发行　黑龙江教育出版社
地　　址　哈尔滨市道里区群力第六大道1305号
印　　刷　哈尔滨博奇印刷有限公司
开　　本　787毫米×1092毫米　1/16
印　　张　17
字　　数　210千
版　　次　2021年5月第1版
印　　次　2021年5月第1次印刷
书　　号　ISBN 978-7-5709-2224-6　　　定　价　38.00元

黑龙江教育出版社网址：www.hljep.com.cn
如需订购图书，请与我社发行中心联系。联系电话：0451-82533097　82534665
如有印装质量问题，影响阅读，请与我公司联系调换。联系电话：0451-51789011
如发现盗版图书，请向我社举报。举报电话：0451-82533087

总　序

在举国欢庆新中国成立70周年前夕，中国老区建设促进会王健会长请我为《全国革命老区县发展史》丛书作序，作为一名在老区战斗过并得到老区人民生死相助的老兵，回首往事，心潮澎湃，感慨万千，深感义不容辞，欣然应允。

中国革命老区，是以毛泽东为代表的中国共产党人在领导人民推翻帝国主义、封建主义和官僚资本主义三座大山，争取民族独立和人民解放伟大斗争中建立的革命根据地，在这片红色的土地上，诞生了无数可歌可泣的革命英雄儿女，为后人树起了一座不朽的丰碑。她是新中国的摇篮，是党和军队的根。

在艰苦卓绝的战争年代，老区人民把自己的命运与中华民族的命运紧紧地联系在一起，与中国共产党和人民军队的命运紧紧地联系在一起，他们生死相依，患难与共。我曾亲历过战争年代，并得到过老区红哥红嫂的救助，切身感受到发生在身边的一幕幕撼天动地的革命故事，在那极其艰难的条件下，老区人民倾其所有、破家支前，不怕艰难困苦，不怕流血牺牲。"最后一碗米送去做军粮，最后一尺布送去做军装，最后一件老棉袄盖在担架上，最后一个亲骨肉送去上战场"，这是当时伟大的老区人民为建立新中国做出巨大牺牲的真实写照，它将永远镌刻在中国共产党、中国人民解放军、中华人民共和国的历史丰碑上。他们的光辉业绩永载史册，他们的革命精神必将影响一代又一代的革命新人，造就一代又一代的民族脊梁。

在社会主义革命和建设时期，革命老区和老区人民响应党的号召，面对落后的面貌、脆弱的经济、恶劣的生态环境，他们本色不变，精神不丢，自力更生，艰苦奋斗，干一行爱一行。始终坚持"革命理想高于天"，自觉做共产主义远大理想的坚定信仰者和忠实实践者，勇于向恶劣的自然环境和贫穷落后宣战，他们在各条战线上为国建功立业，用平凡的双手创造了一个又一个不平凡的奇迹，彰显了老区人的崇高精神和人格力量。

在改革开放的伟大进程中，老区人民解放思想，勇于创新，发奋图强，攻坚克难，老区的经济社会建设取得了辉煌成就。特别是在改变中国的面貌、中华民族的面貌、中国人民的面貌、中国共产党的面貌的伟大实践中发挥了至关重要的作用。老区人民既是改革开放的参与者，也是改革开放的推动者。

艰苦练意志，危难见精神。老区人民在近百年的革命战争、社会主义建设和改革开放的伟大实践中，孕育形成了伟大的老区精神：爱党信党、坚定不移的理想信念；舍生忘死、无私奉献的博大胸怀；不屈不挠、敢于胜利的英雄气概；自强不息、艰苦奋斗的顽强斗志；求真务实、开拓创新的科学态度；鱼水情深、生死相依的光荣传统。这是党和人民宝贵的精神财富、丰厚的政治资源，是凝心聚力、振奋民族精神的重要法宝，也是社会主义核心价值观的重要内容。

中国老区建设促进会怀着强烈的政治责任感和历史使命感，组织全国各地老促会人员克服困难，尽心竭力编纂《全国革命老区县发展史》丛书，记录老区的光辉历史和辉煌成就，传承红色基因，弘扬老区精神，是功在当代，利及千秋的一件大事。手捧这部丛书的部分书稿，读着书中的故事，倍感亲切，深感这部丛书具有资政、育人、存史的社会功能，有着重要的时代和历史价值。它是不忘初心、牢记使命的源头活水，是赞颂共产党、讴歌老区人民的一部精品力作，是弘扬老区精神、传承红色记忆的丰厚载体，是一项继承优秀传统文化、弘扬革命文化、发展社会主义先进文化，坚定"四个自信"的宏大文化工程。它必将成为一种文化品牌，为各界人士了解老区宣传老区支持老区提供一部有价值的研究史料。希望读者朋友们能从中了解并牢记这些为党和民族的利益不断奉献的老区人民，从中得到教益，汲取人生奋斗的精神动力。

新时代赋予新使命，新起点开启新征程。让我们更加紧密地团结在以习近平同志为核心的党中央周围，坚持以习近平新时代中国特色社会主义思想为指导，增强"四个意识"，坚定"四个自信"，做到"两个维护"，弘扬老区精神，铭记苦难辉煌。为实现"两个一百年"奋斗目标，实现中华民族伟大复兴的中国梦做出新的更大的贡献！

2019 年 4 月 11 日

编写说明

2017年6月，中国老区建设促进会组织全国各地老促会启动编纂《全国革命老区县发展史》丛书，按照"建立中国共产党、成立中华人民共和国、推进改革开放和中国特色社会主义事业"三大里程碑的历史脉络，系统书写革命老区百年历史，深入挖掘革命老区红色文化资源，这对于充实丰富中国革命史籍宝库、在新时代传承红色基因、弘扬革命精神、强固根本，对于激励人们在新的历史条件下夺取中国特色社会主义伟大胜利，实现中华民族伟大复兴的中国梦具有重要意义。

丛书编纂以习近平新时代中国特色社会主义思想为指导，以《中国共产党历史》《中国共产党的九十年》等重要文献为基本依据，以党的领导为核心，以老区人民为主体，以老区发展为主线，体现历史进程特征，突出时代发展特色，坚持辩证唯物主义和历史唯物主义相统一、历史真实性与内容可读性相统一的原则，书写革命老区从站起来、富起来到强起来的光辉革命史、不懈奋斗史、辉煌成就史，把老区人民的伟大贡献、伟大创造、伟大成就、伟大精神充分展示出来，形成一部具有厚重历史特征和鲜明时代特色的精品力作。这是一部培根铸魂、守正创新，既为历史立言，又为时代服务，字里行间流淌着红色血脉、催生着革命激情的传世之作。丛书的编纂出版将成为讴歌党讴歌人民讴歌时代、传播红色文化、为革命老区和老区人民树碑立传的重要载体。丛书按照编年体与纪事本末体相结合、以编年体为主的编写体例确定框架结构；运用时经事纬、点面结合的方式记述史实；坚持人事结合、以事带人的原则处理人与事的关系；采取夹叙夹议、叙论结合以叙为主的方法展开内容。做到史料与史论、历史与现实、政治与学术统一，文献性、学术性、知识性相兼容。

为编纂好《全国革命老区县发展史》丛书，打造红色文化品牌，中国老区建设促进会认真组织积极协调，提出政治立场鲜明、史料真实准确、思想论述深刻、历史维度厚重、时代特色突出、编写体例规范、篇目布局合理、审读把关严格、出版制作精良的编纂出版总要求，力求达到革命史籍精品的精神高度、思想深度、知识广度、语言力度，增强丛书的权威性和社会影响力。各省（区、市）、市（州、盟）、县（市、区、旗）老促会的同志，以强烈的使命感、责任感和紧迫感，勇于担当，积极作为，认真实施，组织由老促会成员、专家学者等参加的十余万人编纂队伍。编纂工作主体责任在县，省、市组织协调、有力指导、审读把关。各方面人员以高度负责的精神和科学严谨的态度，满腔热情地投入工作，为丛书编纂出版做出了重要贡献。丛书编纂工作还得到了党和国家有关部委、地方各级党委政府及有关部门的大力支持和积极参与，社会各界也给予了热情帮助。中共中央政治局原委员、中央军委原副主席、原国务委员兼国防部长迟浩田上将，对老区人民怀有深厚感情，对革命老区建设发展十分关注，欣然为《全国革命老区县发展史》丛书作总序。

　　丛书由总册和1 599 部分册（每个革命老区县编纂1部分册）组成，共1 600 册。鉴于丛书所记述的史实内容多、时间跨度长和编纂时间紧，不妥之处，敬请批评指正。

中国老区建设促进会

目 录

序 言

　　《绥化市北林区革命老区发展史》的编纂出版，是北林区的一件大事。它填补了北林区革命斗争史关于老区发展的空白，它为更好地铭记历史、铭记老区、不忘初心，为民族、为国家留下永久的记忆。作为全国1 599个老区县之一的北林区，能留下一部老区发展史，也是为全国老区发展史作出的一大贡献。

　　一百多年来，北林区各族人民在这片古老的土地上开荒拓土，辛苦劳作，繁衍生息。北林人民不但有与天斗，与地斗的拼搏精神，更有与帝国主义、封建主义、官僚资本主义斗争的坚强意志。在中国共产党的领导下，全区人民在抗日斗争中前仆后继、浴血奋战，做出了巨大牺牲，创造了可歌可泣的英雄业绩，同全国人民一起，打败了日本侵略者，为全国抗战胜利写下了辉煌的一笔，这段历史值得大书特书。解放战争时期，积极开辟根据地，组织发动群众建立人民政权和武装，消灭日伪残余势力伪"还乡团"和政治土匪，为支援"三大战役"的胜利，解放全中国做出了巨大贡献。

　　北林区百余年的历史，曾有过两本县志，一是民国九年（1920年）《绥化县志》；二是1986年出版了用新观点、新方法、新材料编纂的一部《绥化县志》，但而时至今日尚没有一部完整的老区发展史。虽然有一些零零星星的文章和记载，但不够详尽，不成体系。北林老区在新中国成立后，特别是党的十一届三中全会以后，已经发生了翻天覆地的变化，因而编纂一部老区发展史，是历史的需要、时代的需要、人民的需要。在各级党政组织的领导下，在全区各族人民的期待中，全体编纂人员坚定道固远，笃行可至，事虽巨，坚为必成的信心，呕心沥血，多方挖掘资料，力求还原历史的真实，精研细琢，反复考证，历经三度寒暑，几易其稿，一部《绥化市北林区革命老区发展史》终于出版了。这是北林区第一部完整的老区发展史，它必将起到教育当代，激励后人的积极作用。

以史为鉴，可以知兴替。让我们铭记历史，牢记只有自身强大了才可能抵御外侮，才能自立于世界民族之林。正当北林区各项事业蓬勃发展，人民生活越来越好的时候，人们不会忘记为争取民族独立富强，在抗日战争中牺牲的民族英雄；不会忘记为建立新中国，在解放战争中献出宝贵生命的烈士；不会忘记为人民生活幸福富裕，在社会主义建设和改革开放中做出卓越贡献的先进人物；不会忘记在北林这块土地上开拓奋斗的先辈。忘不了为建设北林而辛勤劳作的人民，忘不了为解放这块土地、保卫祖国领土完整而献出生命的英雄烈士，特别是抗战时期在中国共产党领导下，北林的英雄儿女们进行的可歌可泣的英勇斗争，涌现出的多位民族英雄，还有在社会主义革命和建设中为北林的发展做出卓越贡献的先进人物，他们是北林人民的骄傲和光荣。全区人民要在党的十九大精神和习近平新时代中国特色社会主义思想指引下，勿忘国耻，砥砺奋进，为实现中华民族伟大复兴的中国梦，创造北林更加美好的明天而努力奋斗！

中共北林区委书记　李延春
中共北林区委副书记、区长　付秀芳

第一章　北林区境域概况

第一节　北林区的自然和社会概况

绥化市北林区地处黑龙江省中部，小兴安岭余脉丘陵地与松嫩平原衔接处，东经26°25'—127°23'，北纬46°19'—47°9'。东与庆安县毗连，南同呼兰、巴彦两县隔河相望，西南和兰西县接壤，西北与望奎县依河分界，北与绥棱县、海伦市隔河为邻。

自清朝同治元年（1862年）建制，至今已有157年历史。原名北团林子，清光绪十一年（1885年）设理事通判厅，改名绥化，光绪三十一年（1905年）升厅为府，中华民国2年（1913年）改府为县，1982年12月18日撤县变县级市。1999年撤市变为北林区，隶属绥化市管辖。

北林市区是滨北、绥佳两条铁路线的交会点和通往邻近各县的公路交通枢纽，是中共绥化市委员会、绥化市人民政府所在地，是绥化市的政治、经济、文化中心。

2016年底，全区有830 691人，其中城内有273 091人，在全区人口中，男女比例为50.3∶49.7。全区有13个民族，其中，汉族为797 295人，少数民族为33 396人。

全区总面积2 756平方公里。耕地面积309万亩。土壤主要有黑土、黑钙土、草甸土、水稻土、沼泽土、泥炭土、泛滥土和砂土等。其中，黑土占全区总面积的57.5%。这类土壤有机质含量较高，适合多种农作物生长。

境内340多个泡塘星罗棋布，六河九岸贯绕全区21个乡镇办事处，流经境内全长319公里，流域面积达40平方公里，盛产多种鱼虾。沿河两岸林草繁茂，砂石和草炭资源丰富。1982年勘测，全区砂石贮藏量为2亿立方米，草炭贮藏量达7 560万立方米，供14个砂石厂21个社队开采利用。全区有人造林433 000亩，覆盖率达10.5%。到1982年，农村建成电站1座，中小型水库8座，总库容量3 955万立方米，可灌溉农田3 300亩。

本区属中温带大陆性季风气候。春季多干旱，夏季多雨，冬季长而寒冷。年平均降水。量一般为531.2毫米，年平均气温为2.1℃，最低气温为-41.8℃，最高气温为38.3℃。年平均日照时数为2 805小时，平均地面温度为3.7℃。

本区以农业生产为主，是国家商品粮基地之一。主要农作物有玉米、小麦、大豆、水稻、谷子和高粱等。经济作物以亚麻、甜菜和烤烟为主。新中国成立前由于受日伪统治者的盘剥和压迫，农业生产落后，粮食产量低下。新中国成立后本区坚持农、林、牧、副、渔全面发展，不断提高农业机械化程度，实行科学种田，粮食产量逐年上升。1949年粮豆亩产142斤，2017年为965.2斤。农业总产值 1949年为4 770万元，2017年上升为1 324 081万元，尤为突出的是新华乡的"五一"大豆，以质好量高而闻名国内外。在广州交易会上，曾受到国际友人的好评，国外友人也曾多次到五一村参观考察。1958年，五一村荣获国务院嘉奖，因此人称新华乡五一村为"大豆之乡"。

不仅农业生产如此，新中国成立70年来，全区科技文化、工业商贸、宣传教育、卫生等各项社会事业，都有了长足的发展。

现在，全区各族人民，在区委、区政府的领导下，同心同

德，正高举习近平新时代中国特色社会主义思想的旗帜，在奔向
全面小康的大道上突飞猛进！

第二节　北林区的历史沿革行政区划

北林区于1862年开发设镇，因地处荒原密林北段，故得名北
团林子。

1885年，设理事通判厅，取吉祥安顺之意，定名绥化。绥
化一说是满语，意思为"艾蒿"。此地商周属秽貊，汉晋属北夫
余，隋唐属黑水靺鞨，辽属东京道，金属上京会宁府，元属辽阳
省开元路，明属奴儿干都指挥使司，清为呼兰城守尉管辖，1885
年5月17日，黑龙江将军奏准，于呼兰北境北团林子（今绥化市
区）设置绥化厅，并于于清街设立余庆（今庆安县）分防经历。
隶属呼兰副都统。首任绥化厅通判于翌年3月24日到职任事。
1887年，划分城基，筑土为墙，设有四门。1905年1月29日，奉
批照准，绥化厅升级为绥化府。同年9月15日知府启用关防，驻
绥化城。隶属绥兰海兵备道。中华民国成立后，隶属黑龙江省。
1913年1月23日，黑龙江省都督府按各府、厅、州一律改县的规
定，将绥化府改为绥化县。县署驻绥化城。1914年6月隶属绥兰
道。1929年2月，撤销道制，由黑龙江省直辖，时为一等县。
1931年9月，东北沦陷后，仍由黑龙江省管辖，1934年12月划归
滨江省管辖。1939年6月，改隶新增设之北安省。伪县公署驻绥
化街。1945年"九三"抗日战争胜利后，隶属黑龙江管辖。1946
年10月，黑龙江省政府决定，将绥化县东部地区划出设置绥东
县（县政府驻双河镇）。1947年2月，绥化、绥东两县归黑嫩联
合省管辖。同年6月19日，撤销绥东县，并入绥化县；9月，黑嫩

联合省分开后，绥化县仍由黑龙江省管辖。1956年3月，划归新设之绥化专区管辖，绥化专署驻绥化镇。1958年8月，改隶松花江专区。1965年6月，改由绥化专区管辖。1982年12月18日，国务院批准（国函〔1982〕275号）撤销绥化县，设立绥化市（县级），以原绥化的行政区域为绥化市的行政区域，隶属于绥化地区。设市后，撤销绥化镇和城郊公社，分设4个街道办事处和2个城郊办事处。1999年12月28日，国务院批准（国函〔1999〕154号）：（1）撤销绥化地区和县级绥化市，设立地级绥化市。市人民政府驻新设立的北林区。（2）绥化市设立北林区，以原县级绥化市的行政区域为北林区的行政区域。区人民政府设在北二西路。

北林区下辖21个乡镇（办事处），城内设10个办事处，40个社区。全区共有8个老区乡镇，68个老区村。北林区交通四通八达，境内哈伊、哈黑两条高速公路和4条县级公路与乡级公路联成网络，哈佳、哈北两条铁路线贯穿交汇，哈绥高速公路直通省城哈尔滨。北林区地缘优势得天独厚，是哈尔滨以北重要公路、铁路交通枢纽和商品集散地。

第二章　日寇侵略北林的罪行

第一节　"九一八"事变爆发，日军侵占北林及其暴行

　　日本早有侵占我国东北的野心，"大陆政策"中已明确要占领满洲。1927年，日本召开了"东方会议""大连会议"，制定了具体的侵华方案，形成了臭名昭著的"田中奏折"。1931年8月，日本政府任命熟悉东北情况的本庄繁为关东军司令官。本庄繁一到任就叫嚷"满洲形势紧张，必须做好应变的准备"，同时下令："如有可乘之机，应立即抓住。"（《走向太平洋战争的道路》资料篇111页）

　　日本侵略者经过一系列准备，悍然发动了蓄谋已久的侵略我东北的战争。

　　1931年9月18日夜，在日本关东军安排下，铁路"守备队"炸毁沈阳柳条湖附近的南满铁路路轨（沙俄修建，后被日本所占），并栽赃嫁祸于中国军队。日军以此为借口，

孙家豆腐房历史的见证

炮轰沈阳北大营，是为"九一八"事变。次日，日军侵占沈阳，又陆续占领了东北三省。

"九一八"事变爆发时，驻守沈阳的东北军要求抵抗日本侵略者，但是蒋介石下令不抵抗。第二天清晨，日军占领了沈阳城。

"九一八"事变后，南京政府采取"绝对不抵抗政策"，并电告东北当

苗家沟老屋

局，东北军不战自退，日军乘机而入。9月19日日军占领长春，9月21日日军占领吉林，至此，辽吉两省沦陷。1931年11月中旬，黑龙江省代理主席兼军事总指挥马占山领导的嫩江桥抗战失守。1932年2月5日，哈尔滨失陷。此后，日军兵分三路向黑龙江省各地进犯。

1932年3月末，马占山再举抗日旗帜，成立了黑龙江省抗日救国军总司令部，自任司令，统一指挥黑龙江省的抗日武装力量。4月中旬，马占山令吴松林的骑兵一旅，邓文的骑兵四旅及绥化义勇军司令李云集、兰西义勇军李

苗家沟百年老屋历史的见证

天德所部向哈尔滨靠近，以配合吉林自卫军李杜部反攻哈尔滨。绥化县县长段耀先为之筹集粮秣给养，秘密派人到哈市购买弹

药，同时发动各方面人士支援抗日，一时间，绥化县军民的抗日热情十分高涨。

马占山指挥的反攻哈尔滨抗战，坚持了近一个月，后因曾与他相约做内应的程志远挟众叛变，致使黑吉两省义勇军联合攻哈之举功败垂成。

在近1个月的反攻战斗中，日军依靠其装备精良的优势，不断用飞机、大炮和骑兵等向哈尔滨以北的各义勇军阵地发动进攻和偷袭。1932年4月，日军3架飞机在绥化县双河镇投弹21枚，炸毁民房10余间，炸死14人，炸伤10余人，炸死耕牛3头。

4月下旬，日军骑兵96人窜到绥化县城内进行侵扰。

5月29日黄昏，日军骑兵一部向绥化以南的义勇军阵地发起强大攻势，义勇军战士奋勇抗敌，将敌击退。为减少损失，义勇军主动撤出阵地向海伦方向转移，日军平贺旅团攻入绥化县城。至此，绥化县沦为日本帝国主义对绥化县开始了长达14年的殖民统治。

日军侵占绥化县后，窜至滕家围子（今新华乡兴发村），将全村妇女集中到地主大院内进行奸污。同月，一批日军窜到绥化县双河镇，挨家挨户搜查军用品，并开枪打死3人。

吴家窝棚旧貌

6月，日军以"剿匪"为名，对绥化县的吴家窝棚屯、小苗家沟屯（以上两屯今为东津镇利民村）一带进行炮击，并放火烧毁民房40余间，杀死40余人，其中一名妇女被日军用刺刀挑死，其婴儿还在母亲身上吃奶，其惨状目不忍睹。

7月，日军对绥化县的孙家豆腐房屯、王家窝棚屯、大德堂屯（以上3屯今为东津镇利民村）进行惨无人道的大扫荡，烧杀抢掠，无恶不作，杀死数十名无辜农民，放火烧毁民房数十间。

日军侵占绥化后，大肆逮捕抗日分子。省立绥化二中的一名学生痛恨日军的侵略行为，大骂日军是侵犯东北的豺狼。日军将其抓去，绑在县城西门外的一根电线杆上，连刺3刀，并将其剖腹至死。

日军的野蛮入侵，滥杀无辜，抢掠财物，放火毁房，种种法西斯暴行，令人发指，罪恶滔天。

第二节　日本侵略者对北林的残酷统治和疯狂掠夺

一、建立殖民统治的伪政权

日本帝国主义侵占中国东北后，于1932年3月9日，在日本关东军的操纵下，伪满洲国在长春宣告成立，改长春为新京。清朝末代皇帝溥仪担任执政，年号为大同。1934年3月1日，日本侵略者把"满洲国"改为帝制，溥仪当了"皇帝"，改国号为"满洲帝国"，改年号为"康德"。伪满洲国成立后，其权力完全在日本侵略者的操纵下，是彻头彻尾的傀儡政权。控制伪满国的总代表是关东军司令官兼驻满大使，实行所谓的"二位一体"的政治体系。

孙家豆房百年老树见证
历史沧桑

伪满洲国建立之初，在省的区划上仍沿用旧东三省的区划，只是在各省建立起伪省政府机构，同时，还根据政治、经济、军事的需要，将地方各县划为甲、乙、丙、丁四个等级。绥化被划为甲等县，归伪黑龙江省管辖。

1934年10月，日本侵略者进一步加强了对省级政权的控制，将原东北4省（包括热河省）分为10个省。12月，又把东北分割为一京一市14个省，即新京（长春）、哈尔滨特别市、奉天省、滨北省、吉林省、龙江省、间岛省、三江省、安东省、锦州省、热河省、黑龙江省、兴安南省、兴安北省、兴安东省、兴安西省。"七七"事变后，又增设通化、牡丹江、北安、东安、四平5省。这样，东北被划分为19个省。太平洋战争爆发后，为准备对苏联战争又成立东满总省和兴安总省，分别管辖牡丹江、间岛、东安3省和兴安4省，两个总省的省长由日本人担任，其他各省省长由汉奸担任，而掌握实权的次长则是日本人。

黑龙江省境内划分为龙江、滨江、三江、黑河4省和哈尔滨特别市，以后又增设牡丹江省和北安省。划分小省后，绥化归滨江省管辖。1939年6月划归北安省管辖。

飞机堡遗址

1932年5月，日本侵略者侵占绥化后，由于忙于对抗日武装力量的追剿，一时间，还来不及拼凑伪县政权。直到1933年7月12日，日本侵略者才利用网罗的一些卖身投靠的汉奸，匆忙拼凑成伪绥化县公署（在今北林区政府院内）。伪绥化县公署设县长1人，由中国人担任，实行参事官制，由日本人任参事官，独揽大权。后将参事官改为副县长。下设一科三局，即总务科、内务局、警务局、教育局。这一科三局日本人都派有指导官。总之，从伪国务院到地方政权统统控制在日本人手里，也就是控制在日本关东军手里。县以下设村（街）、区、屯、牌。后又实行邻保，把每个老百姓都严格地控制起来。

1933年12月，日本侵略者为加强对各县村街的法西斯统治，指使伪满洲国颁布了《暂行保甲法》。1935年，伪绥化县公署对村街实行保甲制，即每10户为一牌，以一村或相当区域内的牌为一甲，一个警察区域内的几

日寇在北林腰房的飞机堡遗址

个甲为一保。保和甲设立自卫团。实行保甲制后，绥化划分为5个区、19个保、267个甲、3 685个牌。牌内居民有"犯罪"者，伪警察对该牌各家长课以连坐金。至此，绥化县各村街完全置于日本侵略者的统治之下。

二、强化日伪军警宪特机构

日本侵略者为了实行法西斯专政，镇压人民，还建立了庞大的军、警、宪、特组织。日本关东军，即所谓的"大日本皇军"。这是世界上最残暴、最野蛮的军队，他的司令官就是统治我东北人民的"太上皇"，他的总兵力最多时达70万，号称百万。1932年5月，日本关东军平贺旅团、松木师团入侵绥化后，设立了司令部和日本兵营（现市二中址），并

把县城内东大街改为松木大街。日本侵略者为了巩固绥化在军事上的突出地位，还在县城北门外，强占土地20平方千米修建军用飞机场1处，建机库16栋、飞机包（藏飞机处）6组，每组3个，呈品字形。机场内设日军航空学校，训练日军飞行员。

日本侵略者根据绥化在军事、政治、经济等方面的特殊性，首先，加强了宪兵队、守备队的驻防力量。关东军宪兵队是关东军下设的残杀中国人民的刽子手，人数只有2千人，但却是日伪军警中的核心，它的首脑由关东军

飞机堡遗址

的高级将领充任。甲级战犯东条英机在任首相之前就曾任日本关东军宪兵队的司令官。伪满14年法西斯统治，凡屠杀镇压东北人民的事件，无不都有关东宪兵队参加。日本侵略者侵占绥化后，日本关东军独立守备第三大队一部宪兵分遣队、日本陆军独立守备大队和大岛大队第一中队相继进驻绥化。其次，成立伪满洲国军、特务队。日本控制的伪满洲国，名义上有自己的军队，即满洲国军。这支满洲国军是日本人用以镇压屠杀我东北人民的工具，"用中国人的手杀害中国的同胞"。兵力最多时达15万。在军队各级建制中都由日本人担任顾问、教官等，以便直接控制军队和士兵。如在1941年，当时伪国军有8万人，而充任顾问和教官的日本人则有8 000之众，每10个伪国军中，就有一个日本人在监视控制。日本关东军在控制伪国军的同时，还利用汉奸走狗充当特务。伪满洲国治安部内部设有保安局，下面的特务直接受日

本宪兵指挥，专门搜集中国人民反满抗日的秘密情报。有些特务打入我抗联内部，特别是利用我原抗联和地下党组织内的叛徒充当特务，给我抗日力量造成极大的危害。东北地下党组织多次遭到破坏，主要是特务所为，这些出卖民族利益，死心为日本侵略者效命，并残杀我抗日战士的特务，引起人民极大的痛恨。日本侵略军侵占绥化后，改编了当地的自卫团，组成了警备队、特务队，同时把收买地主武装的2 000人，改编为护路军，驻扎绥化城。不久，伪军混成

伪满洲国绥化县衙

第二旅、步兵第三团、炮兵第一连、迫击炮连、滨北行营司令部十二旅一部等部队相继进驻绥化城。全国抗战爆发后，日本侵略者妄图依靠伪军协助来镇压东北人民和对外侵略，因此不断扩充伪军的兵力。1940年，日伪当局公布了《国兵法》，从此伪国军由募兵制改为征兵制。到1945年，在东北的伪国军已膨胀到15万人，比1937年伪国军数量增加一倍以上。再次，建立庞大的警察组织。日本侵略者为镇压屠杀中国人民，在伪满洲国内设有庞大的警察队伍。在伪国务院内设治安部，各省有警务厅，县有警务科，下设警察署，警察分所，一直到村，城内四门都派有警察所或分所。伪满洲国这支庞大的警察队伍是直接控制在日本人手里，利用其屠杀残害中国人民的工具。上有警察总局，名义属伪治安部，而实际上则由伪国务院的日本人充任的总务厅长控制。省、县的警务厅长、警务科长都是日本人。抓劳工、抓思想犯、经济犯等都是由伪警察直接出面，他们敲诈勒索，打骂群众，无恶不作，所以在人民群众中民愤极大。

伪满洲国建立后，日本侵略者收降了绥化县公安局的全部警务人员和一部分土匪，以日本特务为骨干，组建了伪绥化县警务局。伪警务局设总务股、行政股、司法股、督察处、侦缉处、骑兵中队、步兵中队、守备队、消防队、黑龙江省第四教育区警士训练班。伪警察的主要任务是听从日军警备司令官的命令，维持治安，即进行所谓的"讨伐"，同时还担负警护、刑事、宗教、思想、风纪、卫生、保安、产业、交通、营业、建筑、工厂的管理之责，还负责管理盐业、林业、烟务（鸦片）等。日伪当局为加强地方管制，将城区和农村四镇（四方台、双河、津河、永安）公安局改为警察署。为了建立巩固的后方基地，还不断强化伪警察机构。1937年12月，将县警务局改为警务科，科内设警正、警尉、警长、警士等，实行警官制，同时充实了司法警察。1939年，为加强其经济掠夺，警务科内设经济保安股。伪满警察在日本侵略者的控制下，不仅仅是维持治安，而且还负有防谍、谍报、警报、经济保安、劳务、督促"粮谷出荷"等任务。伪满警察渗透到社会生活中的各个领域、每个角落，人民时时处处受到监视和控制，失去了自由，伪满警察给当时的绥化人民带来的灾难实在是罄竹难书。

日本帝国主义除不断向绥化派驻关东军、宪兵队、伪国军和加强警务外，还组织起"特别搜查班"，实际上它是强化了的特务组织。卢沟桥事变爆发后，日本侵略者从绥化宪兵分遣队、伪县公署警务科、警察署、铁路警护团抽调特务，成立了"特别搜查班"。一方面搜捕抗日联军和中共地下党员，另一方面监视社会动态，抓"思想犯"（有反满抗日行为，议论"国事"或有不满情绪的人）。日伪军联合进行的屠杀与镇压人民的暴行，都是在"特别搜查班"的直接参与下进行的。

在这种强化了的法西斯军、警、宪、特制度的统治下，广大人民群众失去了人身自由，生活在水深火热之中。1933年2月14日，据时任中共满洲省委巡视员张适在检查绥化时对上报告介绍：在绥化站亲眼看见一农民，因回答不巧便被几个宪兵拳打脚踢得头破血出。在四方台听人说："姓梁的女人到站玩，被日本兵强奸，女人的丈夫得知，便把女人领回家，日兵恼羞成怒，便把姓梁的抓去施以非刑。"种种恶迹罄竹难书。最可恨的地主豪绅资产阶级还对日本侵略者歌功颂德……绥化各机关都在那里镇压抗日运动以维持满洲国的反动统治。（《绥化党史资料》第三辑第2页）

日伪统治时期，大批日伪军分驻在东北各地，以"治安肃正"之名，行镇压人民反抗之实。驻守在四方台车站的是一个叫福田的日军军官，只带一条狼狗和领几个日本兵，指使一些伪军、伪警察和宪特，就把整个四方台统治了。他们为所欲为，随意抓人，稍有不从就给无辜者定上个"反满抗日"、"政治犯"、"思想犯"、"国事犯"、"经济犯"（吃大米、白面）、"嫌疑犯"、"思想不良"和"社会浮浪"等罪名，对人民群众妄加逮捕治罪。1938年冬，家住张维镇的武秉权和盖洪福，他们用大车给抗联战士孙国栋部队送给养时，被日本人和汉奸发现后抓走，关押在哈尔滨监狱。武、盖两人被抓后，日本宪兵便把武、盖两人居住的盖家屯划为"红军匪区"，盖家屯人员外出都必须到伪警察所挂条，来客必须及时报告，不报告以"坏人"论处，全屯的百姓没有一点人身自由。同年冬季的一天，武秉权的父亲到亲属刘志杰家串门，被一特务发现，报告给了日本宪兵队，特务说武秉权与刘志杰是亲属，也一定和抗联有联系，宪兵队特务郑某带领日本宪兵到刘家搜查，房里房外、院内院外全翻了个遍，也没发现一点藏匿抗联的迹象，但仍不罢休，便把刘志杰带到绥化日本宪兵队审讯逼供，动用了各种刑罚，刘志杰就是挺刑拒不承认。日本宪兵没有办法，让找出保人，方可放回，最后刘家找了保人，才算把刘志杰接回家中，但刘志杰回家后仍然没有人身自由，一直被特务监视，不准随便外出串门，隔三五天就被带到伪警察署特务股训话，不许乱说乱动。伪屯长、汉奸马春芳直接负责监视刘志杰。特别是到年节看管得更严，使刘家老少整天提心吊胆，整年不得安宁。

绥化是日本侵略东北后的重要占领地与驻扎区。因此在强化军警宪特机构上也下了很大的功夫。他们把关东军和伪国军驻扎的重点放在铁路沿线的村镇，据不完全统计，当时驻绥化和海伦一带的军警就达3 000多人。

三、掠夺经济资源

日本帝国主义侵占东北后，首先把铁路、海运、邮电、通讯、银行、钢铁、煤炭、粮食等都控制起来，这就为其疯狂掠夺东北财富供给侵略战争的物资需要，实现它的"以战养战"的方针创造了条件。

日本侵略者在对绥化实行军事占领、政治统治的同时，大肆掠夺经济。

（一）利用"统制"等手段掠夺经济

日军侵占东北后，为实现经济掠夺的目的，采取各种手段对绥化主要经济命脉进行控制：一是对金融机构进行"统制"。1932年7月，撤销了东北"四行号"，成立满洲中央银行，在绥化设立分行，从而达到全面控制绥化金融的目的。二是设立"统制"农业机构。日本侵略者从地籍管理、合作社运动、粮食生产、流通等方面进行强制性的"统制"，以达到掠夺绥化农产品的目的。1933年11月，在绥化县建立了"特产共同贩卖会"，通过商业贸易手段来控制和掠夺绥化的大豆，春耕时定数，秋后包收。1939年11月，公布《主要粮谷统制法》，对高粱、玉米、谷子进行"统制"，指定粮谷股份公司统一收购，配给及输出。

（二）实行粮谷出荷和搜刮出荷政策掠夺粮食

日本侵略战争不断扩大，对粮食的需求也日益增多。为了满足庞大战争的需要，日本侵略者把东北作为"大东亚"战争的粮谷基地。为达此目的，从1940年开始，粮食购销由"严格统治"变为"强制控制"，即实行极严格的"粮谷出荷"（日语出售的意思，但伪满是强制性的）政策。每年强行与农民签订所谓"出荷契约"，规定最高的"出荷"量。秋后不管收成如何，强迫农民如数交粮，而且粮价付给的款额极低，如有的地方农民出售高粱，一吨仅得当时的伪币16.7元，不值当时的一车柴火钱，仅能买到劣质的白格布16.7尺。1947年，太平洋战争爆发后，日本侵略者为了贯彻"战时紧急经济方策要纲"而改"出荷契约"为"彻底搜荷"，制订了所谓的"决战搜荷方策要纲"，即以战争绝对需要粮食数量为基数，摊派给农民，不管有无，强制交纳。在这种反动政策下，绥化农村每年的"出荷粮"高达粮食总产量的50％以上，并且无论收成如何，出荷量逐年增加。1942年，绥化县上交"出荷粮"95 256吨，居当时全省各县之首。而当时全县粮食的平均亩产量最高时也不超百公斤。农民生产的粮食几乎一半以上被迫"出荷"了，剩下的还要用作种子、饲料、交租、口粮，几乎是所剩无几了，全县人民处于啼饥号寒之中。

日本侵略者为了强制掠夺粮食，每年秋后，就组织日伪军警和协和会、兴农会等反动组织，组成粮谷搜荷督励工作班、情报班、宣抚班等倾巢出动，肆虐乡里，他们到处翻箱倒柜，扒仓毁房，搜刮粮食。农民如交不上"出荷粮"，就以"国事犯"论处，往往横遭毒刑，被烧掉房屋，甚至命送黄泉。1943年冬，四方台警察署杨警尉，外号"杨大棒子"带人到农村搜粮，把全村穷人家翻个底朝上，什么也没翻到。他便穷凶极恶地把全村人集中在一个院子里，然后用大棒子挨个打，直打得哭声四起，惊天动地，寒冬腊月不准带帽子，有的耳朵冻坏了，杨大棒子还派伪警察把各家的烟囱堵上，灶门封上，不准生火做饭，非交出粮食不可。1943年以后，催粮谷出荷更甚，封碾、封磨，不许烟囱冒烟。统治永安的日本人黑木每天要到永安警察三分署的小楼上四处望几次风，发现哪屯冒烟，就让伪警察带人去翻。正黄四屯（今永安镇正黄四村）老王太太和其儿媳因交不出"出荷粮"，被双双带到甲长家，伪警察逼她们互相打"协和嘴巴"。当时在津河和东津一带有一个催粮谷的汉奸叫栾传大，出门骑着马，手拿大马棒，在尹家村（今东津镇利民村）村公所驻寨，搜粮谷时，谁要说没粮，除了打骂就是糊灶坑门、堵烟囱，把农民过年蒸的黏豆包都搜去了，最后逼着农民把剩下的一点口粮也上交才算完。农民对栾传大恨之入骨，给他编了一段顺口溜："提起栾传大，人人都害怕。到处搜粮谷，非打即是骂。若说没有粮，凶神赛恶煞。站着用脚踢，跪着打嘴巴。先打苗占廷，后打韩老大。来到孔家屯（今津河镇民胜村），大烟往上架。"

津河村催"出荷粮"最紧，农民也最苦，连寺庙化缘的一点粮食都拿出来"出荷"了。龙山村（今西长发镇）为了"出荷"，碾子、磨都不准动，豆腐也不准做。如果私自动用碾磨，就得给伪警察送礼。当时在群众中流传这样的话："碾子不让推，磨也不让转，青龙（碾）白虎（磨）遭了难。要想让它转，先给警察送鸡蛋。"1943年3月，伪绥化县协和会对县城西北部农村的现状进行调查，调查后不得不承认，在实行残酷的"粮谷出荷"制度后，农民几乎无粮可用，生活十分悲惨。薛家村钓鱼台屯（今新华乡新安村）农家只有5户，在责任出荷量29 000公斤中已出荷4 000公斤，仅4个村100多户出荷数量达619 530吨，吃粮都已出荷了，粮食陷入极度不足。

日本侵略者除了采取"粮谷出荷"手段掠夺绥化县的农村经济外，还采取财团侵入的方式，疯狂地进行掠夺。

卢沟桥事变爆发后，日本的"三菱""三太""三井"3个财团侵入绥化，控制了绥化的出口物资，使民族工商业日趋萧条，许多企业倒闭。在农村实行农业组合化，每个村屯均建立"农村协同组合联合会"，从生产到粮食出售都做了具体规定，对水稻、玉米、大豆等粮食强行征收。同时，在农村还成立了"兴农会"，对生产资料和生活必需品实行配给制，压缩了口粮自留量，每人每月配给带皮口粮25斤，每人每年配给棉布7尺，胶鞋一双。1939年日伪政府公布了《特产物管理法》，成立了"满洲国特产专营公司"，对大豆、小麦、水稻、玉米、苏子、大麻籽、小麻籽等实行"粮谷出荷"政策，不准中国人食用特产专营品，食用者以"经济犯""国事犯"论罪。之后又制定了《原煤、棉制品统制法》《小麦及制粉业统制法》《重要特产专管法》等，加紧了对人民的盘剥和掠夺。粮食不够吃，老百姓只得用糠菜、豆饼、榆树叶和橡子面充饥。每到寒冬腊月，因冻死、饿死的"路倒"比比皆是。1940年1月，日伪政府又将"金融合作社""农事合作社"合并为"绥化县兴农合作社"。兴农合作社不仅继承，而且增加了农事合作社的"国策"性质。如果说农事合作社是"半强制性组织"，那么兴农合作社则更进一步体现了"行政官署与合作社是表里一体的关系"（《伪满州国史新编》第554页）。"1940年9月伪满政府重新制定了《农产物交易场法》，明确规定，交易场在市县旗开设，扩大机构，由兴农合作社运营。所以，在伪满末期愈演愈烈，给广大农民造成巨大劫难的日伪农产品掠夺中，兴农合作社扮演着极为重要的罪恶角色。兴农合作社的罪恶还不止于此，它实际上已沦为日伪政权的一支别动队。"（《伪满州国史》第556页）在征国兵、逼"出荷"、配给、摊派、抓劳工等作恶多端的坏事中，无不有兴农合作社参与其中。老百姓称之为"坑农活作孽"。还组成了"粮栈组合"，取消了粮食市场，强化了粮食管制。1942年7月，日伪政府施行低价收粮，公布了《价格禁令》，由此，本就饥寒交迫的农民更是雪上加霜，发生了震惊全县的太平川村白五屯抗搜出荷粮事件。此外，还破坏生态资源和水上运输。1943年，日本侵略者以防备抗日联军袭击为名，禁止呼兰河船只往来，并将刘海船口一带19 000垧河套划归"国有"，将大片柳条通毁掉。

四、强化殖民地的奴化教育

日本帝国主义对我东北是武装占领与思想控制、奴化教育同时并行。

（一）思想统治

毛泽东同志说，日本帝国主义灭亡中国的政策分为物质和精神两个方面。"在物质上，掠夺普通人民的衣食，使广大人民啼饥号寒；掠夺生产工具，使中国民族工业毁灭和奴役化。在精神上，摧残中国人民的民族意识。在太阳旗下，每个中国人只能当顺民，做牛马，不许有一丝一毫的中国气。"[1]

日本侵略者向东北人民灌输的基本思想是："日满一心"，日本法西斯把侵略中国说成是为了建设"王道乐土"，倡导"共同共荣"，把日本大和民族说成是世界上最优等的民族，中国人民天生就受大和民族"管辖"，污蔑中国人民"天生的奴隶性"。大东亚战争爆发后，把东北人民的思想和生活完全纳入服从战争的轨道，强迫人民为日本侵略战争服务，普遍进行所谓

---

[1]《毛泽东选集》第二卷《论持久战》455页，人民出版社1991年2版。

的"建国精神"教育，使东北人民忘掉祖国、减弱民族意识。稍有"不轨者"即作为"思想犯"或反满抗日之罪进行残酷迫害。人们生活在极度紧张的政治环境里。城镇乡村到处贴着"莫谈国事"的标语，人民的生命朝不保夕。

日本侵略者为了从精神上奴役和统治中国人民，还建立起"协和会"组织。1932年7月15日，日伪当局成立了"满洲国协和会"。随后，绥化县也建立了协和会组织。协和会是进行"王道乐土""日满一德一心"等欺骗宣传的实践组织，又是进行"民族协和"、忠于"友邦"、忠于"天皇"，毁灭中华民族意志，奴化教育中华民族的实践组织，同时也是配合日伪推行伪政权命令，在经济上对人民掠夺，在政治上迫害和屠杀中国人民的专政组织。1934年以后，它主要是从事反对共产党活动的组织。

（二）文化控制

控制文化是思想统治的组成部分。1941年3月伪国务院公布了《文艺指导要纲》，对文化更加严厉地实行法西斯控制。早在1932年，伪政府即通令不许挂中国地图，不得使用"中华"字样，不得使用中国教材，不准集会、旅行、摄影，不准阅读和收藏中国的书刊，凡是查出概作"思想犯"论处。1932年3月至7月，焚毁中国书籍650万册。绥化各学校在日军的强迫下焚烧了大量中国书刊，连中国地图都不得保留。关内的书刊报纸一律禁止进入绥化，稍有民族意识的书刊报纸一律禁止，根本不准绥化人民接触有中国感的读物。相反，日本书刊却大量涌入绥化，充斥城乡各地，使绥化人民只能接触日本文化，企图断绝与祖国文化的联系，以摧残绥化人民的祖国观念。

（三）奴化教育

日本帝国主义为了巩固殖民主义的统治，不断强化对中国的殖民主义教育。他们为了在政治、经济、军事、文化等方面加紧统治和奴役东北人民，采取了法西斯的奴化教育方式，以抹杀中国人的民族意识，让东北人民世世代代成为日本侵略者的顺民。在绥化，日本侵略者把奴化教育的对象重点放在青少年和中小学生身上。

"九一八"事变爆发后，绥化的中小学全部停课，1932年夏开始复课。日本侵略者利用教育这块阵地，来培养为其殖民主义服务的"工具"，废除了中国的原有教材，改用他们进行奴化教育所编写的新教材，课程的全部内容美化了日本殖民主义的统治，并把一半课程用日语教授。各中小学校都配上了日语老师，对学校的活动进行监视。

1.在学制上强化殖民主义教育

日本入侵绥化后，从1937年开始实行所谓的新学制。在小学教育阶段仍采取"四二"制，前四年初小改为国民学校，后两年高小改为国民优级学校；中学阶段，将原六年制改为四年制，改称为国民高等学校（即国高）；大学阶段，由四年制改为三年制，全部学程13年，比当时日本国内学制缩短了5年，这种"新学制"的任务是培养"忠良国民"，即"以建国精神为基础，陶冶人格，涵养德行"。实际是要培养听日本殖民主义者任意摆布的亡国奴。这种旨在加强奴化教育的"新学制"，强化了殖民主义的政治与思想教育，不论小学、中学、大学都必须"虚心诚意地崇拜日本天皇和伪满皇帝"，都必须赞颂"日满亲善"和"五族谦和"的"王道乐土"，都必须竭诚拥护"大东亚圣战"，为战争效力等。

绥化县的国民高等学校（国高）是在原民国时期省立绥化第二中学（省立第一中学在齐齐哈尔，省立第二中学在绥化）的基础上，于1940年秋从绥化城（原消防队驻地附近）迁移到绥化城南的"小穷棒岗"屯（今北林办事处太平管理区，原市机床厂厂址）。在校生达350多名，来自当时的北安省各地，学校的领导和教员由中国人和日本人担任，但实际权力由日本人把持着。

2.在内容上麻痹学生思想，泯灭民族意识

在日本侵略者对青少年学生进行殖民主义教育的过程中，他们把重点放在国民高等教育的对象上。当时在绥化国高开设的课程有：国语、日语、国民道德、数学、物理、化学、历史、地理、农业、英语（1942年后列为敌性语言而取消）、音乐、图画、体育、军训。

"国语"教学的内容包括日语和"满语"（汉语）。日伪把东北人民称"满洲人"，规定日语和汉语为"满洲国"的国语。在国语中日语的教学内容占比最大，每周开6节，担任日语课的老师为日本人，他们不懂汉语，多用日语讲课，迫使学生尽快地接受日语，以达到他们殖民地化的目的。"国语"每周仅有3节，多是文言文和白话文，其中白话文占多数，无名作者的文章较多，日本作者的文章都是宣扬日本历代天皇、将相武士以及法西斯军人的传记、故事，如乃木大将、佐久间大佐事略等。

国民道德课后改为"建国精神"课，是奴化教育的主要课程，其宗旨是麻痹学生的思想，泯灭民族意识，使之成为日本侵略者的驯服工具，它的内容有6个方面：一是宣传日本是世界上最强大的国家，大和民族是优秀的民族，日本的"天照大神"是"世界之父"，宣扬"唯神之道""八纮一宇"。二是宣扬学生要做"满洲国"驯服的"中坚国民（国兵、警察、伪官吏）"，守"学生之本分"。三是美化日本侵略中国的"我国之建国"，其中讲在"友邦之援助"下建立了"王道乐土"，中国人应"报恩感谢"。四是宣扬日满"同文同种"应相亲，对日本侵略者应"一心一意""共存共荣""民族协和"，建立大东亚共荣圈。五是美化伪满傀儡政权的"皇帝即位""天壤无穷的国体""忠君报国"。六是宣扬"大东亚圣战完遂""大东亚圣战必然胜利"。

开设的数学、物理、化学内容都比较浮浅，最初的农业课课本还有部分汉文，后来全部改为日文，其目的是加快学生的"日化"进程。在开设的地理、历史课程中，绝大多数都是宣扬"满洲史"和"日本史"。这些课程大部分是他们编写的，真正的目的在于不让学生了解中国的历史全过程和真面目，以此来吹捧他们的"天照大神"等邪说。如地理课讲的主要是东北三省的地理，并且细讲日本国的地理，把日本分成若干个区域详细讲解，以此来标榜日本是世界上最强大的国家。

日本侵略者在对学生进行奴化教育的过程中，把军训课作为最突出的内容。从1941年起，绥化国高的军训课教员多数由即将被淘汰的伪满现役军人担任。军训课的目的是为日本帝国主义培养盲目服从的顺民，并准备补充兵员，为其充当炮灰。开始每周2节，随着战争形势的变化，军训的时数逐步增加，有时连续一个多月。军训的内容完全和日本军队训练的科目一样，教官对学生要求十分严格、苛刻，学生稍有做错或听不懂的，就要挨"手指板"的训罚。

日本侵略者在课程的设置与教材的安排上，无论是小学时开设的"国民"课，还是中学期间开设的"国民道德"课，其主要宗旨都是强迫中国学生自幼就信仰日本迷信的"天照大神"，拥护日本发动的所谓对外扩张的"大东亚圣战"。这种强行的反动政治内容，使原有的中华民族传统文化教育被摧毁殆尽。

3.采取各种措施，对师生进行奴化教育

日本侵略者不仅在课堂和学校内对中国学生进行强制性的殖民主义教育，而且还在课外和校外采取各种措施对学生和教师进行奴化教育。一是教师朝会。每天早晨上班后都要举行教师朝会，由教务主任（大部是日本人），组织全体教师排成两行，按方向先面向日本东京的"天皇皇宫"，再向伪满洲国的新京都——长春的伪"皇宫"及"建国神社"遥拜（致最高敬礼，弯腰90度）。然后再用日语齐读"国民训"，不会日语的教师就像念咒语似的跟着瞎念，以此来应付每日不可缺少的环节。二是学生朝会。每天教师朝会结束后，学生已经在操场上集合完毕，等待教师的到来一起参加全校的朝会。这时学生按年组排队站立，校长听完各班学生组长报告人数后，由体育教师喊口令，分别面向日本"天皇皇宫"和伪满洲国伪"皇宫"、"建国神社"遥拜。共同用日语背诵"国民训"，唱伪满洲国的"国歌"，然后校长讲话，大致是宣扬一番"大东亚圣战"的"战果"，最后学生排队走进教室。太平洋战争爆发后，学生朝会又加上了祈祷3分钟"日本皇军必胜"的项目。三是周会。周会是除了两个例行的朝会外，每周还要举行一次的全校性的周会，主要内容是由校长亲自宣读《回銮训民诏书》，灌输所谓的"日满亲善"，"一心一意"等方面的思想。四是诏书奉戴日。太平洋战争爆发后，按照日本侵略者的部署，每月8日定为"诏书奉戴日"，这一天，全城各校的师生都要到东门外的"神社"（原粉米厂附近）集合，在县长或副县长宣读"时局诏书"时，校长必须穿"协和服"，戴"协和礼帽"，佩绶带，戴白手套，由穿戴与校长一样的教师（这个差事由有资格的教师轮流执行）双手过顶捧出"时局诏书"，这时校长在台上向"诏书"致意敬礼，接过后开始宣读。读后再致最高敬礼，然后交给捧上"诏书"的教师送回校长室的"神龛"里。接着校长讲话，照例宣扬一番"日满亲善""大东亚圣战"等骗人的鬼话。五是崇拜"皇帝"和"天皇"，祭神社。学校要求学生在言行中必须崇拜日本的天皇和伪满的皇帝，要经常赞扬"日满亲善"，必须会背"即位诏书""回銮训民诏书""时局诏书"和"国民训"。每年的春秋两季都要举行"祭神社"仪式，由日本和尚念咒语，超度战死的日本侵略者的亡灵等。六是利用所谓的节日灌输"日满亲善"的思想。日本侵略者对各学校规定每年都要举行"天长节"（日本天皇的生日）、"万寿节"（伪傀儡皇帝溥仪的生日）、"建国节"（伪满洲国建国日）等庆祝仪式，内容大体也是读一遍诏书，给学生灌输一番"五族协和"（满、汉、蒙、回、藏）、"王道乐土"、"大东亚圣战"必胜的思想。七是强化日语水平。为了强迫学生学习日语，在学校进行日语考试，合格的分别定为一二三等翻译的资格（三等就可以进行一般的会话）。并用佩戴臂章的方式作为等级的标志，一等的三道杠，二等的二道杠，三等的一道杠。还强迫学生用日语读"国民训"、"回銮训民诏书"、唱"国歌""校歌"以及一些颂扬"圣战"的歌曲，如果不用日语就要遭到毒打。对朝鲜族学生的规定更加苛刻，要求他们只能说日语和"满语"，实际是所有朝鲜族学生必须改为日本姓名，要和日本人一样服兵役，很多学生改名时都痛哭流涕，为了不忘祖先，他们改名时采取了在原名上加字的方法。如当时绥化国民高等学校的朝鲜族学生张奉秀改成张本奉秀，金正道改成金本正道。八是极力推行"阶级"绝对服从制。日本侵略者在"国高"极力推行阶级绝对服从的军国主义的法西斯教育制度。学生必须无条件地服从教师，稍有不慎就要受到惩罚，轻则被责骂，重则挨打。学生之间的级别更为森严，高年级的学生可以以任何借口打骂下年级学生，并且不准下年级学生反抗。年级的标志是别在领口上，分别用符号Ⅰ、Ⅱ、Ⅲ、Ⅳ表示四个年级，学生之间互相见面，只要从标志上看出自己是下级生，就必须向上级生主动敬礼，有时因字形小很难辨认，下级生一时马虎未给上级生敬礼就要挨打，这是典型驯服学生的奴化手段之一。

五、奴役劳动

1941年，伪满洲国公布了《劳动兴国法》，成立了"劳动兴国会"，实行劳务统制政策，谓之"国民皆劳"。

一是"勤劳奉仕"制，强行驱使人民群众从事苦役。1942年，伪满洲国颁布了《国民勤劳奉公法》和《学生勤劳奉公令》，规定凡年龄20岁到23岁的青年男子，不被征用国兵者（当时被称作"国兵漏子"），都要参加奉公队，服役期为3年之内的12个月，必要时还要延长。后来把年龄延长为30岁。伪国民高等学校的学生和大学生也要参加两个月的"勤劳奉仕"。所谓"勤劳奉仕"是日本侵略者对中国人民进行压迫的一种手段，它以"义务劳动"为名，对中国人民实施强制的劳动力掠夺。其形式有两种：一种是临时性任务。如修飞机场的"格纳库"（飞机堡），修日本守备部队的弹药库，给兴农合作社、农科所、日本侵略者私人农场筛小麦、选种子、割玉米、起土豆、起牛蒡（日本人爱吃的一种蔬菜）等。另一种是集中时间修筑军事工程、道路、水渠、江河堤坝等。1943年初春，日本侵略者逼迫绥化国民高等学校的学生，给四方台日本"烟草株式会社"挖水田、修长坝，学生赤脚站在冰碴上挖土，一直干了两个多月才完工。1944年修绥化到望奎的公路时，日本侵略者又强迫绥化国民高等学校的学生进行所谓的"义务劳动"，学生们住在野外临时搭起的窝棚里，野狼有时竟冲进窝棚内觅食，伤害学生。由于条件的恶劣，学生们时常吃不上盐、吃不饱饭，多数学生患了胃病和皮肤病。这种罪恶行径激起了师生的强烈不满和反抗斗争。

二是抓劳工，强制人民从事繁重的体力劳动。在"国民皆劳"和"劳务统制"的政策下，实行强制征集劳动力，紧急就劳时，就成批地抓人，行政供出时，就硬派。1942年2月，公布了《劳动者紧急就劳规则》，征集对象就是贫苦大众。凡被派去的，就得出劳工。由于行政供出满足不了侵略者的需要，以"紧急就劳"之名，在城镇乡村大抓劳工，除了抓"浮浪"之外，有时就正式命名为抓劳工。因为这可以深入居民家中把男劳力抓走。1934年，侵华日军第十四团在绥化县城北门外修建飞机场，1939年前后在城南修建另一飞机场（3年未能完工），这两处军事工程共抓劳工1 000余人，死亡400人。另据《永安满族镇志》和《北林文史资料》记载，日伪时期永安各村被抓走劳工1 320人。仅1942年就从四方台镇抓走劳工100余人到黑河服苦役。1945年7月，日伪在张维镇一次抓劳工就达50多人，并送往中苏边境。

这些被抓去的劳工，无论是在矿山，还是在修路、军事工程等地，每天劳动时间少则12个小时，多则达14个甚至16个小时，且有日伪军的武装看守和工头手拿皮鞭、棍棒严加监督，稍有怠慢者就立即棍棒加身，遭到打骂、呵斥。居住的环境十分恶劣，伙食很差，住的是夏不避雨、冬不避寒的窝棚或简陋不堪的破房子，身下铺着破草包，身上盖着破麻袋，半截砖头垫脑袋。经常吃的是发霉的苞米面和橡子面混合的窝窝头，常常只给掺着糠菜的稀粥，有时连这样的饭也吃不上。

劳工们生活在这样恶劣的环境里，受着非人的待遇，加之繁重的体力劳动，因而大批劳工被摧残至死，有的生了病，带气被活埋。许多矿山都尸横遍野，白骨累累，令人毛骨悚然。在劳工集中的地方留下许多万人坑，记载着日伪法西斯的血债。

第三节 日本侵略者用鸦片毒害中国人民

日本侵略者侵占我国东北后，除了用枪炮刺刀进行暴力统治之外，还利用鸦片麻醉人民，手段极其卑劣和歹毒。

鸦片又称阿片、阿芙蓉通称大烟，是从尚未成熟的罂粟果里取出的乳状液体，干燥而成。经加工、提炼在医疗上用作止泻、镇痛和止咳剂，列麻醉药品依法管理。常用成瘾，是一种毒品，经常吸食、注射鸦片制品者损害肌体，使人消瘦，俗称大烟瘦子，失去劳动能力，促人早亡。

鸦片的危害是难以言尽的，它比侵略者的坦克大炮还要厉害，它不但毒害人们的身体，而且消磨人们的意志，即使本来很刚强、很体面的人，一旦沾染上吸鸦片的恶习，民族气节、国家存亡等也全然不顾了。侵略者深知鸦片的作用，他们用武力侵略我国的同时往往输入鸦片，用毒品麻醉中国人民。英帝国主义者入侵我国时曾经输入大量鸦片，妄图用鸦片灭亡中国。我们的先人早就熟知鸦片危害，为抵制鸦片的输入进行了艰苦的斗争，1840年曾经爆发了著名的鸦片战争。

日本侵略者步英国侵略者的后尘，侵占东北后，不但兜售"唯神之道""王道乐土""日满一心一德""大东亚共荣圈"等精神鸦片毒害人民，而且用鸦片烟毒对我国同胞进行肉体残害。为了加紧残害人民，掠夺财富，推行他们的统治政策，他们对鸦片的种植、销售实行了垄断经营，在热河省（省会承德）、奉天省（辽宁）一带公开划定区域让农民种植罂粟。由专门机构按各户的种植面积征收"烟膏"，再由专门机构发往各地。为了控制中国人私自贩运，他们在一些大城市的路口、车站、渡口设置关卡，检查从奉天、热河往北来的行人，以限制私运。

伪满康德二年（1935年），日本侵略者在绥化成立了鸦片专卖署，下设零售所，对吸食者登记造册。为了掩人耳目，欺骗舆论，伪康德八年（1941年）把鸦片专卖署改为"禁烟总局"，从招牌上看是禁止吸食鸦片，其实这个机构是日本侵略者炮制鸦片烟的工厂和批发站，专门加工和发售从奉天（沈阳）调拨来的鸦片半成品，每天加工成品一千余两，发出半成品八百余两，担负供应以绥化为中心的海伦、庆安、铁力、巴彦、木兰、绥棱、望奎等县，是哈尔滨以北鸦片烟的炮制中心和集散地。这个鸦片烟厂有工人四五十名，以手工从事繁重的劳动，在鸦片将制成时，日本人会往烟内投放一种叫"五毒霜"的药物。这种药物不仅损害吸食者的身心健康，而且能加快吸食者的死亡。

日伪时期，伪官吏把鸦片作为消遣和交际、行贿的工具，称为"福寿膏"，鸦片烟馆遍布绥化城乡。城内西大街有"西厢阁"，东南二道街有"卧云轩""七号""八号"，南三道街有"六号"，南大街有"林记"，财神庙胡同有"东盛轩"，东门外有"东新野"等8家。吸食者可以公开到这些烟馆吸食鸦片，烟馆里还有以女招待为名的妓女作诱饵，招揽吸食者和一些伪官吏、地主、资本家到这里花天酒地，醉生梦死。

比日本侵略者的纵毒政策更恶毒的是，使众多的下层群众染上吸毒、扎毒的恶习，这不仅残害了他们的身心健康，还使他们变得麻木不仁，以便统治者的任意摆布。据伪康德四年（1937年）《滨北省绥化一般状况》记载：伪康德三年时在四方台、张维、永安、秦家、双河、津河较大的农村集镇有17个鸦片零售所，后来改为专卖所，仅登记吸食鸦片的就有8 196人，而不登记吸食鸦片者大有人在。伪康德六年（1939年），鸦片专卖署又将城内的8家烟馆也收为官营，改为专卖所。伪满政府还制定了所谓的"鸦片管理法"，凡违犯这个管理法的中国人都处以重罚。"鸦片管理法"规定，吸食鸦片的中国人一律登记造册，按期领取"烟票"，吸食者每天持"烟票"到指定的专卖所买一份二钱重的成品鸦片。烟票分为"走份"和"吸份"两种，"走份"可以将鸦片购买拿走，"吸份"则须在指定的专卖所吸食，其中"走份"烟票占绝大多数，据伪康德八年（1941年）的资料记载，仅城乡15个专卖所每年发放的烟票就达一万余张，每日销售百余两，到伪康德十一年（1944年）绥化禁烟总局就炮制推销390万两。

发放"烟票"的纵毒方式使许多伪满军、警、宪、特及一些地痞、流氓、大烟贩子勾结控制发放"烟票"的伪官吏，冒领或多领烟票，转手高价出售，从中渔利。鸦片烟贩子为牟取暴利，还奔走于热河、奉天、哈尔滨等地进行长途贩运、私销鸦片。为了躲过检查，有的烟贩子把鸦片藏在斧把里；装在胶皮套里吃进肚子，途中不吃饭，到达目的地再吃饭便出；有的还以高价雇妇女用阴道携带鸦片进行贩运。最典型的鸦片贩子孙晶品和奉天人张海多次雇人去热河贩运，孙晶品用牟取的暴利在绥化购置土地六十余垧，还与张海合资在绥化开设了"宝海泉"浴池，这个浴池实际上是私销鸦片的场所。伪康德八年（1941年），他雇十余人去热河贩运鸦片，用把鸦片封在胶皮套里吃进肚子的方法，途中因鸦片烟毒发作，两人被毒死。

日本侵略者推行中国人吸食鸦片的政策，给绥化人民带来了严重的灾难，这是一把杀人不见血的刀子，它消磨了成瘾者的民族意志。从康德四年（1937年）的《滨江省绥化一般状况》统计的资料看，受害者大部分是30岁到40多岁的中年男女，有的儿童也染上鸦片烟瘾，使大量的吸食者倾家荡产。鸦片瘾者为了弄钱买鸦片，什么坏事都能做，不少人沦为乞丐，沦落到寡廉鲜耻的地步，丧失了人格。有的男人成瘾后把亲生骨肉卖进妓院、把亲生儿子卖给人贩子；有的出租妻子、出卖妻子。女子成瘾更惨，不理家务，为了弄钱买大烟，干尽丑事，有的整天和男烟鬼厮混，有的沦为暗娼。城内有个刘董氏，有两儿一女，原是个小康之家，刘董氏染上鸦片烟瘾后，她的儿女也都相继成瘾，为了买烟扎吸，把所有家产变卖一空，她的两个儿子，一个吸食过多中毒身亡；一个吸食成瘾损害了身心健康，丧失了劳动能力，以讨饭度日，最后倒毙于街头；她的女儿因无钱买鸦片，沦为娼妓，后因扎吗啡，全身溃烂而死。这里所举的只是一例，被鸦片吞噬的何止刘董氏一家。

日本侵略者一方面用鸦片毒害中国人民，另一方面还想把自己打扮成戒吸鸦片的提倡者。伪康德十一年（1944年），伪县公署保健股在绥化县立医院设置一处所谓戒烟的机构，由警察署保安系指定派出所出面，按月搜捕拒绝登记私自购买鸦片的吸食者"入院"戒烟。日本人给戒烟者服用一种药丸，说是能在一二个月内戒除烟瘾，在戒烟期内吸食者要受到百般蹂躏和折磨，还要自付生活费用。吸食者为逃避折磨，有钱的贿赂警察，以免"入院"，无钱行贿赂者被迫"入院"，侥幸戒除烟瘾后，因中毒很重不能劳动者令其回家，中毒较轻身体较好者由县公署动员科送往矿山当劳工，生还者甚少。

日本侵略者投降后，绥化禁烟总局尚库存鸦片达20万两，这些鸦片除苏联红军接收一小部分外，其余的均被"治安维特会"的常栋彝、沈继武以及在"禁烟总局"供职的伪官吏侵吞，这些鸦片在解放初期继续坑害绥化人民一段时间。

绥化解放后，在中国共产党的领导下，绥化县政府采取许多有力措施戒除日本侵略者残害人民的鸦片烟毒，明令禁止种植、贩运和扎吸一切毒品，重点打击屡教不改的大毒犯，教育、规劝吸鸦片的劳动群众。经过几年的努力，彻底根除了这一祸害。

第四节　日本侵略者推行的罪恶的劳工制度

劳工制度是日本侵略者为支持长期侵略战争，通过征抓劳工等强制措施，驱使东北人民从事各种苦役的一种罪恶制度。1941年，日伪统治者开始实行所谓的"劳务新体制"，其核心是所谓的"国民皆劳"。1942年2月9日，伪满民生部又公布了《劳动者紧急就劳规则》，其规定公开事业与国策事业紧急需要时，得以使令人民从事该部大臣所指定的劳动。此后，重要产业（如采矿、筑路等）和军事工程开始使用强行征抓的劳工。在这种制度下，广大人民群众不仅要被迫从事苦重的劳役，而且还要承受沉重的经济负担，被征抓的劳工则更饱经了痛苦和血泪。

日伪统治者在劳工的征抓、运送，驱使劳工从事苦役和对待病残劳工手段上，充满了横暴和酷虐，劳工们受到的是非人的待遇。不用说征抓劳工那种横暴行径，只运送劳工的情景就骇人听闻。据一个从事运送劳工的汉奸供称：运送劳工时，"将劳工装上闷罐车，铁门上了锁，就这样在闷罐里大小便，吃饭睡觉。到了换车的车站，一停就是二三天，时常这样走上十天半月，不等到达工作地点，就死了好多"。甚至发生这样的情况：在某一车站，有一闷罐车劳工，车门上了锁，被甩到一个闲道上，过了两天开门看时，已全部冻饿而死。

到了工地现场，劳工们多数都是风餐露宿，即使有歇息之处，也常常是"在潮湿地方盖的小草房而不能耐寒"。他们"身下铺着草包，身上盖着麻袋，用半截砖头垫着脑袋，两腿一蜷就睡"。劳工吃的以糠菜和橡子面为

被抓"劳工"居住的工棚

主，有时连这样的伙食也得不到保证。劳工的工作条件极为恶劣，特别在矿井下挖煤，由于没有任何安全保障措施，劳工们常被塌方砸死、井水淹死、毒气毒死和瓦斯爆炸炸死。劳工的一切活动都在日伪的"把头"（工头）的严格监督之下，劳工动不动就要受到责骂和殴打。若是三五人在一起谈话，就会被扣上"反满抗日"的罪名，或关禁闭，或处死。劳工得病或受伤，根本得不到治疗，轻者被迫在工地干活，重者不是被拖进狼狗圈，就是被抛到野外或活活埋掉。许多矿山都尸横遍野、白骨累累，令人毛骨悚然。

在日伪统治时期绥化地区被抓劳工达数十万人，据幸存者吕青山回忆："日本人拿中国人根本就不当人看，伸手就打，张口就骂，干活都是那么累，衣服破了就用水泥袋子往身上裹，我们从来就没吃过饱饭，有的连屎都拉不下来。""日寇把头无故把人打死的事常出现。有一回，我眼看着他们打一个工友，把水扁担给打折了，挨打完了还不算，还把两条装满粮食的麻袋压在身上，压死了往外一拖就完事。""如果得了病，人还好好的就给打'血药针'，一袋烟的光景人就死了，死了就往火柴箱子里使劲一塞巴，用草绳一捆就埋上了，最多一天整死30来人。""这次去劳工我们一共去400多人，回来才100多人。"另一位幸存者吴国君回忆："1945年3月我去劳工，这次我们一共去320人，光复那一天我们回来了，要回来的时候点人数，只剩下104人了。"

此外，日伪当局还通过另一种形式——"勤劳奉仕"来强行驱使广大人民群众从事苦役。1942年，伪满洲国颁布了《国民勤劳奉公法》和《学生勤劳奉公令》，规定凡是年龄达到20岁到23岁的青年男子，不被征为国兵者，都要参加勤奉队，服役期为3年之内的12个月，必要时还要延长。劳役内容包括修筑军事工程和铁路、公路，兴修水利，开发土地，参加重要生产，收获农作物、救灾等。同时规定：大学和相当大学教育单位的在校学生（后来扩大到中学）每年要参加为期一个月至45天的劳役，劳役内容与一般勤奉队相同。参加"勤劳奉仕"劳役的青年、学生也遭受到同劳工一样残酷的奴役，使他们身心受到极大摧残。

第五节　日本在绥化实行的开拓移民侵略

日本帝国主义在侵占中国东北期间，为"维持满洲治安"，进行殖民掠夺，缓解日本国内农民因土地问题而引起的骚动，并达其永久占领我东北国土的目的，选实行了向中国东北移民设立开拓团的侵略政策。

这种移民侵略的狂潮是从1932年伪满洲国成立后开始的。1932年8月30日，日本内阁通过了第一次向满洲移民500名、拨移民款207 000元的方案。接着，从在乡军人中选拔移民，组成屯垦大队，还配备了2门迫击炮、3挺机关枪，进行武装移民试验。到1936年7月，共进行了5次试验。1936年8月25日，日本内阁确定了百万户移民计划。拟从1937年至1957年20年间分四期实行，每5年为一期。由于日本在1945年战败投降而辍止，实际上实行不到两期。其中以1937年到1941年日本帝国主义发动全面侵华战争，扩大武装占领最猖狂的时期最为激烈。

绥化最早入殖的开拓团是1934年10月在绥棱县内设立的瑞穗村武装开拓团。这个开拓团由日本国内各府县迁入的208户、900余人组成。此后绥化逐年有日本开拓团入殖。绥化县设立1个，共入殖日本移民4 363户，人口为11 944人。此后，在绥化地区各县又设立了一些开拓团，大量地移殖日本移民。

　　开拓团是日本帝国主义通过法西斯式的强制措施并辅以欺骗宣传手段组成的。其种类主要有以下5种：（1）试验开拓团。由日本陆军省和在乡军人会参与，从在乡军人中选拔移民组成的屯垦大队，配备了武器，是武装了的移民，属于试验性开拓团。（2）集团开拓团。

日本开拓团

1937年，日本"百万移民计划"开始实施后，实行所谓"分乡分村"式的移民，把日本本土一个村子的一半，或者两个村子中一个村子的居民全部作为移民选出，组成集团开拓团或集合开拓团。1942年后，取消集团和集合的区别，50户以上的团均为集团开拓团。组织集团开拓团以构成村落为目的，力图使其建设经营达到村或行政共同体那样的规模。（3）分散开拓团。这种开拓团以开拓农村的自立为目的，由50户以下户数组成。（4）义勇军开拓团。1938年1月开始，其成员绝大部分是高小毕业生或失学青少年。他们被提前强制入伍受训，之后，被编入义勇军开拓团。他们既是日本侵略军的现地兵源，又是战时守备铁路、军用设施和镇压中国人民反抗斗争的别动队。（5）大陆归农开拓团。这种开拓团以失业的工商业者组成。太平洋战争爆发后，日本的军事工业膨胀，民用工商业大量倒闭，结果有数以百万计的工商业者失业，于是日本政府以所谓"转业开拓民"的名义，建立了大陆归农开拓团。除上述以外，还有所谓"满洲建设勤劳奉仕队"组织，在农忙期间向所谓的开拓地遣送一部分劳动力，以掠夺粮食和饲料。

日本帝国主义的开拓移民侵略给中国人民带来极严重的灾难，其最大危害是剥夺了最重要的生产资料——土地。按照百万移民计划，伪满洲国给日本移民准备的土地是2 650万公顷，其中农耕地为1 300万公顷。伪满时期东北的总耕地面积大约为1 600万公顷，加上可耕荒地和大部分荒地，都被日本侵略者剥夺殆尽。虽然这一阴谋由于日本侵略者的失败而破灭，但到1944年末，日本侵略者，已在东北占领土地152.1万公顷，约占当时东北耕地面积的十分之一。他们不仅占用未开垦的荒地，还要强占民地。特别是伪满后期，日本侵略者在实行所谓"紧急造田计划"中，以"收买"的名义，肆无忌惮地剥夺民地。据参与过此计划的汉奸供称：收买荒地的价格为1元到2元1垧，二荒地是4元到5元1垧，而买熟地的价格则约合当时市价的三分之一到五分之一。可是，支付土地所有者的并非是现款，而是无法流通和兑现的"储蓄券"，甚至有的分文不给。通过这种廉价的收买，使大量的土地被日本开拓团强占。反过来，日本侵略者又把强占的土地出租给中国农民，进行地租剥削。人民群众对这种残暴的掠夺行径极为愤恨，称伪满开拓局为"开刀局"。

日本侵略者不但从日本本地移民，还从当时日本的殖民地朝鲜向中国东北移殖开拓民。1939年12月22日，日、满政府同时发表了《满洲开拓政策基本纲要》，规定在"满"的朝鲜开拓民，原则上按照日本内地开拓民对待。于是，朝鲜开拓民也大量地侵吞土地。在绥化县，1941年春，日本侵略者指使一个开拓民"大柜"，买下了绥化县四方台附近欢喜岭的一个破产农民的河套地。不久，便以水灌田为借口，用武力驱使朝鲜移民和被强行征用的汉族农民近百人，在四方台以南的河套地带由东向西挖渠。这条渠要挖10多里长，经过十几家的土地，渠道一成，大片土地将被圈占。对这种粗暴的侵略行径，共产党员张克明联系附近的农民，与"大柜"进行了斗争，并把已挖的水壕填死。但后来在日伪统治机关的暴力干预下，这一水渠最终被挖成，使大片的土地被圈占。

日本侵略者实行移民开拓政策，不仅使中国大片土地被霸占，也使各种资源物资被大量掠夺。许多中国农民失去土地，广大中国居民受到残酷地奴役。如开拓团为建房舍和修路，无偿地占用了大量修筑材料和大量的劳动力。同时，各开拓团都备有武装，以此作为镇压抗日力量的据点。

第三章　党领导人民进行的救亡图存斗争

第一节　中共四方台特支的建立及其活动

绥化人民的抗日斗争是在中国共产党的领导下进行的。

绥化党的基层组织成立较早。1930年4月，中共满洲省委为了加强呼海铁路沿线反帝反封建斗争的领导，任命张适为呼海路党代表，到绥化县四方台开辟党的地下工作。张适到四方台后，通过四方台私立博文小学校（设在四方台镇）校长梁道静（中共党员）的关系，到博文小学校任教务长。张适以学校为据点，以教务长的身份为掩护，秘密进行革命活动，在斗争中发展党员，并组织教员、学生、铁路工人、农民进行反帝反封建活动。

1931年中共四方台特别支部委员会旧址（今四方台镇居民区）

1931年10月10日，由张适、梁道静、张冠英组成了中共四方台特别支部委员会，隶属满洲省委领导，张适任特支书记。

　　四方台特支成立后，积极在广大群众中秘密发展党员，建立地方党组织，壮大党的力量。

　　1932年夏，党员的发展状况已具备建立几个支部的条件，在四方台特支的领导下，分别在四方台火车站、绥化火车站建立了党支部。四方台火车站支部有7名党员，田成考（绥棱火车站职员）任支部书记，绥化火车站有5名党员，李荣第（绥化火车站货运列车长）任支部书记。同年，特支又在四方台附近曹家烧锅屯（现属中心村）建立了一个党支部，这个党支部有3名党员。另外，四方台特支书记张适还以呼海路党代表的身份，先后在呼兰火车站发展了李某某，在海伦火车站发展陈某某（火车站长）成为中共党员。至此，四方台特支所属党支部有3个，党员17人。

　　1932年冬，上级党组织任命张适为中共哈尔滨市委委员兼道外区区委书记。四方台特支又在张冠英的领导下，继续领导人民坚持抗日斗争。直到1934年春，四方台特支及其领导下的四方台火车站党支部、绥化火车站党支部和曹家烧锅屯党支部，在日伪的搜捕中遭到破坏，停止了活动。但是，原特支领导下的地下党员、抗日骨干，分散潜伏在工人、农民中间，继续秘密进行抗日活动。

　　满洲省委对绥化党的建设和绥化人民的抗日斗争非常关心，曾多次派出巡视员来绥化视察，仅查到的满洲省委巡视员巡视绥化等地的报告就有四份。在1922年4月25日，满洲省委致中央信中提出了"在绥化建一个中心县委"，这说明绥化人民的抗日斗争已引起了满洲省委的高度重视。

一、抗日团体

　　为了更广泛地发动群众，更有力地打击日寇，四方台特支、抗联部队在绥化城乡组建了多种抗日团体和革命武装，其中影响较大的有：

抗日义勇军。1932年春季，针对日本侵略者侵占呼海铁路的罪恶行径，四方台特支利用私立博文小学校董事长姜鹏博先生在社会上的影响，组织了一支约200人参加的抗日义勇军，推选姜鹏博为队长，梁道静为副队长，张适为参谋长。这支队伍在绥化、绥棱、呼兰、海伦一带活动，达一年之久，给日本侵略者以有力打击。后因敌人封锁，给养困难，特支决定将队伍化整为零分散进行活动。

1933年秋，四方台镇一位姜姓的爱国人士（外号叫"老二哥"）组织起抗日群众100多人，经常在铁路两侧（今四方台镇永远、永太、劳动村一带）进行抗日活动。

反日会。1932年6月，中共四方台特支根据形势发展的需要，组织建立了一个由知识分子、铁路工人、农民组成的"反帝大同盟"。8月，根据满洲省委的指

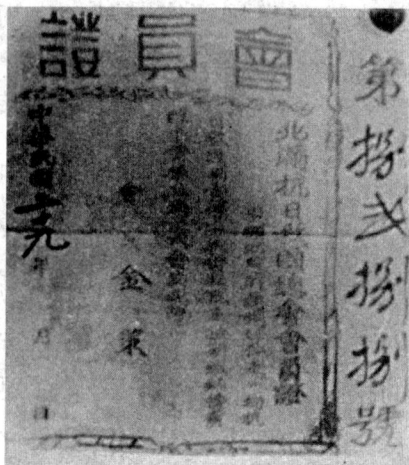

抗日救国会会员证

示，四方台特支将"反帝大同盟"改为"反日会"，并以该组织的名义发出了"告同胞书"，号召广大人民反对日本帝国主义的侵略，参加抗日斗争。由于"反日会"组织宗旨明确，任务更迫切，激发了广大人民抗日的信心和决心。"反日会"深受人民群众的拥护和支持，发展很快，南起秦家站，北至克音河车站都成立了"反日会"组织。

抗日救国会。1935年秋，中共地下党员张克明来到四方台欢

喜岭屯，逐步与一些党员建立了联系，先后发展了10多名抗日骨干，又通过这些人员在四方台、秦家、张维屯火车站及附近农村吸收了几十名爱国青年，组建了"四方台抗日救国会"。到1942年，这个抗日救国会有了一支20多人的武装队伍，也称"地下游击队"，采取各种手段，与日寇进行不懈斗争。抗日联军第三路军第九支队第二十五队队长孙国栋等8人，于1941年7月28日，在双河、五营等地成立了"救国会"。1942年秋，孙国栋率领小部队在诺敏河北岸李殿珍屯（现属民吉乡三福村）一带活动，在广泛宣传、教育、发动群众的基础上，组建了十几人参加的"海云宫抗日救国会"，屯长孙宝华任会长。抗日救国会在宣传抗日、收集敌人情报、为抗联筹集物资、打击小股敌人等方面做了许多工作，活动比较频繁，影响较大。

二、抗日活动

在中共四方台特支及其所属的3个地下党支部的领导下，各抗日组织积极活动，发动群众，与日寇进行了长期斗争，给敌人以沉重的打击。

武装斗争。1932年6月，抗日义勇军对盘踞在四方台的日本驻军进行了一次夜袭，缴获一批枪支弹药，击毙一名日军军官，击伤数名日本士兵，炸毁了一段铁路线。1932年6月19日，绥化义勇军指挥王凤鸣，率领民团在克音河附近与日军激战，毙敌20余人。1933年秋，在四方台特支的领导下，抗日义勇军在四方台和望奎交界处，与日军激战，击落日军飞机一架，缴获机关枪一挺。1942年9月，孙国栋小分队捣毁了五营村伪警察分所，制造了轰动一时的"五营事件"。1943年,抗日联军的一支40余人的队伍，从铁力向肇东进发，队伍行进到十间房正西屯（现永安镇西半步道屯），与一支60余名的日本守备队相遇，双方展开激战，抗联部队将日军击溃后，继续向肇东进发。1943年秋，抗日联军20余人途经前八井（现三井乡前八村），在大围子屯停留吃晚饭，绥化日军守备队得知后，派30余名日伪军驱车前去围剿，抗日联军在屯边立即投入战斗，战斗进行两个多小时，击毙日伪军3人，抗联部队胜利转移。

砍死日伪密探。1933年10月，抗联伤员阮义在克音河附近的拉拉屯（现属三井乡克音村）刘某某家养伤，经刘家父子精心护理，一个月后，阮义伤愈返回部队。1934年春，日伪特务机关得知此事后，从庆安派来了3个密探，把刘家父子捆绑起来，严刑拷打，逼问抗联战士的去向。刘家父子咬紧牙关，宁死不讲。夜间，乘密探熟睡之机，父子3人磨断绳索，用菜刀将3个密探砍死，扔进克音河。

破坏军事运输。1942年秋，日本侵略者为支援关内及太平洋战场，从北黑线向南秘密运送军用物资。四方台抗日救国会得到情报并核实后，决定破坏敌人的军运计划，成立了以抗日救国会骨干人员张明仁为组长，孔宪春、张文治为组员的"铁路行动三人领导小组"。夏

四方台弯道处为抗日救国会破坏敌铁路致列车颠覆处

末秋初的一天，潜伏在绥棱火车站的张明仁把"将有日本军用列车通过四方台"的情报，按约定的暗语、用铁路内部电话通知潜伏在四方台站的孔宪春和张文治。他们接到情报后，立即到早已选定的地点——张维屯管区的四方台弯道处进行技术性破坏，致使日本军用货车出轨，毁坏车厢20余节，运输中断数十小时。破

坏了敌人的军运计划，打击了敌人的嚣张气焰。"铁路3人行动小组"还联络各站的抗日救国会会员，对日军的军运进行其他技术破坏。例如：在冬季取出日军军车"轴箱"里的"线油卷"烧炉子，使军车燃轴，不得不停下进行大修，造成军列常常误点，致使日军的军运计划不能正常进行。

反侵占土地的斗争。1940年以后，日本侵略者将很多朝鲜人迁至四方台，强征诺敏河沿岸的稻田。开始时，被占了土地的农民们敢怒不敢言。面对这种情况，四方台抗日救国会积极组织农民，揭露日本人侵占土地的阴谋，号召广大农民团结起来进行斗争。日本人采取"一边压（向农民施加压力）一边挖（挖引水壕）"的办法，抗日救国会则发动男女老幼齐上阵，采取"你在前边挖，我在后边填平"的斗争手段。日本人怕在群情激愤的情况下引发事件，被迫拿出大量资金赔偿了农民的损失，而且更重要的是推迟了一年耕种期，阻碍了敌人的粮食生产。这场反侵占土地斗争的胜利，使农民的觉悟提高了，懂得了团结起来能够战胜日本侵略者的道理。

砂石工人的斗争。1933年，"满洲省委杨某某巡视江北报告"中写道："小站秦家有装沙子的工人3 000余人（为修哈江桥及铁路用的），其生活与修齐光路的工人一样，系日本东亚公司承包，有10余日本人弹压，工人已有数次自发斗争——打工头的武装冲突。"

"吃大户"。1933年4月，"满洲省委张某某巡视呼海路特支的报告"提道："九一八"事变民众无不痛恨，呼海路沿线义勇军蓬勃发展，劫车烧站，时有所闻。地主豪绅资产阶级，恐怕推翻了日本帝国主义的统治，自己没有后台老板，便自动组织大排（日本编为警备队）分布在城乡，保护日本人的统治。在绥化的西关发生了"吃大户"的事件，起时只有50人，由百户长领

导，5天光景便组织了400多人，到绥化西的太平川地方……[①]

学生运动。四方台特支从建立起，就非常重视对学生的发动和组织工作，在学校建立了互济会。张适任教务长期间，以其工作上的便利条件，引导教师对学生进行反帝爱国教育。张适还编写了抗日歌曲：

危急的灾，

灭亡的祸，

……

磨我的刀，

拿我的枪，

同把祖国保。

这首抗日歌曲在青年学生中广为传唱。在抗日救国思想教育下，许多青年学生走上了抗日战场。

1932年冬，张适调离后，四方台特支在张冠英的领导下，继续发动民众和学生进行反抗日伪统治的斗争。

1933年春，伪绥化县教育局为全面控制学校，阻止教员和学生的抗日活动，便派反动校长去四方台博文小学任职。这时在一名党员教师的领导下，全校学生举行罢课斗争，驱逐了新来的校长和一名不准学生写标语的反动教师。此事惊动了伪县教育局，便派人调查。学生们仍然坚持罢课斗争，提出不准教育局来监课，使日伪当局无可奈何，罢课斗争最后取得胜利。

1933年4月初，中共满洲省委派张适巡视四方台特支的工作，张适对四方台特支的工作成绩给予充分肯定，尤其是对农村和学生工作的成绩给予赞扬。并对抗日义勇军的抗日斗争、反日

[①]《中共满洲省委巡视员张某某巡视呼海特支的报告——关于组织状况、政治经济形势及工作安排》（1933年4月），《东北地区革命历史文件汇集》（甲）第13集第293页。

会组织的发展、学生罢课斗争、工人组织工会、农民抢粮分粮吃大户、抗租抗税不还债的工作做了部署，使四方台特支的工作目标更明确，工作范围更广泛，在抗日斗争中发挥了积极的作用。同时，对呼兰、绥棱、海伦等地的抗日斗争产生了很大影响。

1934年4月下旬，由于共青团满洲省委书记刘明佛、宣传部长杨波被捕叛变，使哈尔滨、呼海路党团组织遭到大破坏。四方台特支及其领导下的四方台火车站支部、绥化火车站支部及曹家烧锅支部，在日伪大检举、大搜捕中遭到破坏，停止了活动。但特支培养和发展的党员，仍然在广大人民群众的掩护之下，继续进行党的秘密工作。

抗"粮谷搜荷"。1942年7月，日伪政府强行低价收粮，公布了《价格禁令》由"粮谷出荷"上升为"粮谷搜荷"，县公署配合村公所组成了"搜荷班"，搜荷人手持铁钎挨家挨户搜索，发现谁家烟囱冒烟就认为有粮，非打即骂，翻箱倒柜，有啥拿啥。致使农民无粮断炊，挨饿受冻，无力生产，难以生活。1943年农历正月初三，"搜荷班"到了太平川村（今西太平川镇）白五屯强行搜荷，毒打群众。全屯农民忍无可忍，在老田家的带动下，几十名受害群众手持木棒将"搜荷班"打出屯外。这就是震动全县的"白五屯抗搜荷粮事件"。

火烧戏园子。绥化戏园子（本名大舞台）建于1935年秋，建筑面积640平方米，老板是日本人后藤正雄。1941年农历5月初的一天，曾在戏园子当杂工的王凤山，因无钱买米，前去找后藤讨要拖欠的工资，惨遭毒打。夜间王凤山乘人不备，放火将戏园子烧毁。日伪政权一片恐慌，出动宪兵、警察几十人，在绥化城抓"纵火犯"。事后，王凤山因酒后吐真言，被捕入狱。

支援抗联。1932年，马占山率领部队在绥化、海伦一带抗日，绥化县县长段跃先为其提供军费与粮草。马占山率部撤退，段跃先随之而去。1941年秋季，抗日联军第十二支队33人去"三肇"与日本侵略军作战，归来时，由连岗乡农民刘启凤用马拉爬犁将他们与在此养病的伤员一齐送回东山里。原绥化县副县长滕秀幽受抗联将领于天放之托，于1940年夏至1942年夏，掩护抗联交通员在绥化活动，为其提供吃、住，并在钱物上尽力给予支援。

此外，中共四方台特支各抗日团体，还组织群众进行了收集日伪军情报、散发抗日传单、发动农民抗租抗税等斗争。

绥化人民的抗日斗争不仅使绥化成为东北抗日游击区的一部分，而且为日寇投降后我党在绥化建党、建军、建政和剿匪方面，打下了坚实的思想基础、组织基础、群众基础。在解放战争时期，绥化成为稳固的根据地，为解放全东北，进而解放全中国做出了重大贡献。

第二节　中共绥化支部的创建及其活动

1932年5月，在中共四方台特支领导下的抗日义勇军建立后，对盘踞在绥化的日本侵略军进行了多次打击，使其施行政治统治和经济掠夺的野心一时难以实现。于是，日本侵略者四处调集兵力，疯狂地对抗日义勇军进行围剿。在这样的情况下，中共四方台特支为了加强党对抗日斗争的领导，进一步发动广大人民群众与日本侵略者进行斗争，利用特支工人党员与绥化火车站进步工人的关系，在

1945年中共四方台区
工委旧址

绥化火车站发展了李荣第（绥化火车站货运列车长）等5名铁路工人为中共党员。1932年8月，组建了中共绥化车站党支部（简称绥化支部），李荣弟任支部书记。支部5名党员中有知识分子3人，工人2人（站夫1人，旗夫1人）。

由于绥化站属于头等站，有百余名工人，又是呼海铁路上的重要车站，所以中共满洲省委对绥化支部的工作给予了高度的重视。1933年2月，中共满洲省委派张适到绥化站巡视工作，促进了绥化车站党的工作的开展。绥化支部在工人中联络进步的"火夫"、检车工、站夫，发展壮大组织。张适在巡视期间深入绥化县城，找到一名中学生，组成了团员组织——互济会，有会员3人，其中2人是贫苦的失学学生，一个是绥化二中的学生，一个是绥化师范的学生。并在其中发展了1名党员，具体领导互济会的工作。

绥化党支部在四方台特支的领导下，根据斗争任务的需要，在广泛发动工人起来与日伪斗争的同时，由党支部书记李荣弟和另一名党员在秦家车站组织了装卸工人的罢工斗争。1933年2月，秦家火车站3 000多名砂石装卸工人为反对日本东亚劝业公司承包修建哈尔滨江桥及铁路的军需用砂，举行了全员大罢工。日本东亚劝业公司借助日本侵略军的武装力量对罢工工人进行弹压，罢工工人在绥化党支部的领导下，与日本侵略军发生武装冲突，并进行了声势浩大的示威游行。最后日伪当局让步，罢工斗争取得了胜利。

随着绥化支部工作的较快进展和反日会组织的发展壮大，这时的广大农民在党的影响下，在学生罢课、装卸工人罢工斗争精神的鼓舞下，反对日本侵略者进行经济掠夺的斗争情绪日趋高涨。

1933年3月底，中共满洲省委派张适再次到绥化视察工作，对绥化支部组织领导群众不力的错误提出了批评，并对今后工作进行了布置。他指出要在绥化成立工会分会，在铁路工人中开辟基础；派一名党员去领导难民进行斗争，由要粥要吃足，到要干饭要菜吃，要救济费，要房住，揭露反动当局的欺骗阴谋。

绥化支部按照满洲省委巡视员的指导，为了做好士兵工作，派一名团员到绥化驻军（苑崇谷部一个旅）士兵那里去做工作，进行抗日宣传，建立红军之友社、反日会，领导士兵的日常斗争。支部还派党员组织发展"吃大户"斗争，在难民中组织齐心会，由群众自己领导，选举代表成立斗争委员会，准备和地主进行斗争，进而提高到杀地主豪绅，夺取武装，发动游击运动的高级阶段。

张适在巡视绥化一带时，为加强党对呼海路沿线斗争的领导，派人在绥化找房子准备成立绥化中心县委，领导转变呼海路工作。由于处在白色恐怖下，绥化党的工作受到种种限制，中心县委没有成立起来。

1933年7月，中共满洲省委又派巡视员对绥化党组织及工会进行巡视。巡视员召集全体党员进行会议，传达了中共中央"一二六"指示信。与会的全体党员一致拥护中央提出的新的斗争策略。会上对以后的工作进行了研究，确定以开展反日运动为中心，抓住呼海路工人的迫切要求，发展党的组织和工会组织、反日会组织。满洲省委巡视员还分别找党员和工会会员谈话，并到工人寓所，如机务、脚行工人住处进行抗日宣传，启发他们的觉悟。同时与城里师范的两个反日会学生取得联系，把他们介绍给绥化支部，并在绥化附近农村建立了良好关系。但是由于敌人利用各种线索监视党员和工会会员的行动，使抗日活动的开展受到阻碍。

四方台特支和绥化支部领导组织的以四方台、绥化为中心的抗日活动，唤起了人民的觉悟，使党的抗日主张更加深入人心。同时，对呼兰、望奎、绥棱、海伦等地宣传党的主张，发展党员，组建各种抗日武装起到了很大的推动作用，使一些小股分散的爱国武装力量被吸引到由中国共产党领导的抗日救国的道路上。

第三节　人民反粮谷出荷的斗争

　　1931年"九一八"事变后，日本侵略军占领了全东北。并于1932年3月9日，抬出伪皇帝，在东北成立了伪满洲国，以实现其占领全中国的野心。

　　伪满洲国成立初年，日本侵略者便开始在绥化县掠夺粮食。当时的掠夺方式，主要通过一般的商业贸易手段进行。1937年春，关东军促令伪满政府成立满洲农业政策委员会，并于同年5月审议了所

日军押送"出荷粮"

谓农业基本政策，决定对稻谷、小麦、大豆、棉花等农产品实行"统制"（原载《伪满洲国史》371页）。

　　1938年8月22日，伪满国务院会议决定《米谷管理制度要纲》，同年11月7日，以敕令第253号公布了《米谷管理法》，以敕令第254号公布了《满洲粮谷公司法》。从此，以稻米为首的粮食购销、加工均由伪满各级政府控制（原载《伪满洲国史》371页）。

1939年10月，伪满政府公布了《主要特产物管理法》，并成立了满洲特产专营公司，垄断大豆、苏子、大麻子、小麻子等油料作物（原载《伪满洲国史》372页）。

1940年11月7日，随着侵略战争的扩大，日本帝国主义为加强粮食掠夺，满足庞大战争的需要，即将上述的粮谷购销统制，变成强制购销。推行所谓"粮谷出荷"（日语出售的意思，但伪满是强制性的），强迫农民卖粮，从而给全东北和绥化县人民带来了极大的灾难。

一、用奖励办法欺骗群众出荷

1940年实行所谓"出荷奖励金制度"（伪满康德六年也实行过一部分），即在一定期间内出售主要农产物者，发给一定数目的奖金，从中多掠夺粮食。

1941年实行所谓"先钱制度"。这个制度就是春季与农民种地户签订"出荷契约"，先发给一点预付价款，每出售100公斤粮食，预付一元。签订契约的同时，规定最高的出售量，以便到秋季不管收成如何，强迫如数交粮。同年春，绥化县订契约数为1.13亿公斤。这一年灾情很重，收成不佳，但伪政权不管年成如何，秋后硬要。

1943年，太平洋战争爆发后，在伪皇帝提出"举国人而尽奉公之诚，举国力而援盟邦之战"的口号声中，制定了《战时紧急经济方策要纲》，其中第三条规定，"在农产物方面，于图谋积极增产和贯彻搜荷的同时，更须加强国内配给制，努力扩大对日输出的余力"（原载《兴农部关系重要政策要纲集》）。日伪政府软硬兼施，即一方面继续实行上述"先钱制度"，另一方面实行棉布、棉纱（不分品种）特种配给制度。农民每销售一吨粮食按官价配给布类15码（每码2.74尺），棉纱线2支，袜子1双，毛

巾2条。还有按人口配给的少量洋油、豆油、食盐、洋火等生活
必需品。

二、用出荷试点推动群众出荷

1941年，伪绥化县公署的日本人和汉奸们，为了讨好上级，
由兴农合作社选定津河村（现津河镇）进行试点。以兴农会为
单位，组织耕地农户（组合员），共同出荷（即以兴农会为单
位，把管辖下户出荷粮全部送到兴农会，也可把农户的粮食先定
下来，然后由兴农会统一组织送交）。当时津河村有经营农330
户，雇农928户，共计1 258户，人口12 192人；土地面积913垧，
高粱334垧，苞米1 110垧，谷子411垧，共计播种4 166垧。据此
确定出荷契约为：大豆28 782石（单位：新石，按144斤计算）、
小麦8 222.5石、高粱4 018石、苞米1 323石、谷子3 997石，共计
46 342石。日伪政权根据这个办法在全县各农村普遍签订"出荷
契约"。

该年出荷量为667.33万市斤，比上年（1941年）增加出荷量
167.72万市斤，比上年该村出荷499.5万市斤增加33.6%，按该村
粮谷播种面积4 166垧计算，每垧地"出荷"1 602市斤。

同年，伪绥化县公署根据津河试点的出荷量，推算全县粮
谷出荷总数，以此数作为催逼全县农民交粮的根据。据《伪满
洲国农业统计》内载，该年全县共播种各类谷物作物面积13.52
万晌，预计产量18.73万吨。但是，这一年是本县历史上多灾多
难的一年，从春到秋遭受了地震、风、雹、旱、涝、虫、霜等多
种自然灾害。1941年伪《县政概况》中记载："本县自耕作契约
结成后，当遭地震之灾，县之东部及北部人民受灾之后耕作大受
影响，以致农时较往年为迟，收获量势必减少，复于8月末又遭
受冰雹之害以及水害、霜害等，约减少收入量35%。受灾面积达

6.28万晌，其中受重灾绝产面积2.22万晌。尽管灾情如此严重，秋后仍然定全县出荷粮为8.31万吨。"

三、用名目繁多的苛捐杂税克扣群众出荷

在伪满粮谷"出荷"时，对农民的剥削是极其残酷的。他们在推行共同"出荷"时的费用杂税很多，一笔笔都强加在农民身上。如大豆共同"出荷"的费用，有生产粮谷税、生产粮谷附加税、麻袋运赁费、麻线减量、受检查名签、"出荷"签等12项费用，每"出荷"1吨大豆须花费7元；"出荷"1吨小麦要花3.4元。如果到兴农合作社直接送粮，还要收2%的交易、贩卖两种手续费。当时每石玉米只卖伪国币4.42元，而"出荷"1吨小麦光费用就需3元多。

四、粮谷搜荷督励班逼迫群众出荷

太平洋战争爆发后，日伪当局为了支援他们的所谓"圣战"，实施《决战搜荷方策要纲》，伪政权根据这项政策于伪康德八年（1941年）成立"绥化县粮谷搜荷督励本部"，由伪县长张遇春任本部长，副县长浅子英（日本人）任副本部长，下有日军驻绥化守备队的领头、伪县协和会长、县各科科长、警察署署长、兴农合作社理事长以及商工会长等人参加。各街、村分别成立"粮谷搜荷督励工作班"。各伪街、村公所和警察分署、警察派出所以及各粮栈等也都派人参加"粮谷搜荷督励工作班"。从这一年起直到光复，每年秋季之后都进行"粮谷搜荷"。届时，全县日伪反动势力倾巢出动，搜刮粮食。据伪满康德八年（民国30年，1941年）《绥化县政概况》中记载，由麻谷登市之后，实行两次督励，由本县与兴农合作社、协和会以及各粮商编成工作班，分投各街、村实行督励。第一次于10月5日开始，工作为10日。第二次于12月10日起到19日。

每年大约用一个月时间进行督励。

据伪满《绥化县政概况》记载：1942年，绥化县共出荷粮95 256吨，其中大豆5万吨，高粱24 960吨，苞米1 148吨，谷子3 235吨，小麦1 920吨，水稻2 300吨，麻子1 314吨。据《东北经济小丛书》记载：伪满康德十年（民国32年，1943年），绥化县粮食总产量为22.11万吨，出荷粮10万吨，占总产量的45.3%。当时全县共34 621户，平均每户出荷粮2 893公斤，全县共28.68万人，平均每人出荷粮349公斤。

五、群众发起抗粮谷出荷的斗争

哪里有压迫，哪里就有反抗。1943年冬，白旗村（今太平川镇）的大五屯，发生了农民抗粮斗争。当时正处在"粮谷出荷"紧张阶段，白旗村的王村长和警察领来的日本人桑田到大五屯搜查粮谷，挨户搜，当时就搜走很多粮食。群众看见仅有的一点粮食也被搜走后非常气愤，农民于汇川说："没粮硬要，这点粮食送去就得饿死，豁出命来，大伙给我揍。"在他的号召下，在场的群众把大车店的柳条障子都掰光了，要打搜粮谷的警察。警察吓得藏到屋子里了。他们给伪县公署打电话报告说："白旗五屯有些人不拿出荷粮，要打我们，民变了。"伪县长张遇春带着十多个警察，全副武装，荷枪实弹地坐着大板车（汽车）来了，张遇春说："你们要反啊，应当报告守备队让日本人用机枪把你们都突突死。"后来有个姓张的农民上前分辩，遭到搜查班的毒打。伪县长怕把事情闹大，只好不了了之，灰溜溜地到其他屯搜粮谷去了。

同年冬天，伪县公署的陈科长带着一些人又到白旗五屯搜粮，进屯就翻箱倒柜，一个姓丛的农民抽出剔骨刀，要杀翻粮的汉奸，把汉奸吓跑了。以上是当时震动全县的"白五抗搜荷粮事件"。

第四节　义勇军在绥化的抗日斗争

张克明是呼兰县早期党组织创始人之一，中共呼兰特支书记。在长春"军事情班组"工作期间，因失去组织联系，辗转来到绥化四方台欢喜岭屯，以教书先生为掩护，从事党的地下工作。

1931年9月18日，日本帝国主义发动了蓄谋已久的侵略我国东北的军事进攻，企图把中国变成他们的殖民地，由于蒋介石卖国不抵抗，日本侵略军几天之内就占领了东北的沈阳、长春、吉林等重要城市，大片国土被日本帝国主义占领。中华民族面临生死存亡的严重关头；东北人民已处于国破家亡的境地。中日矛盾在东北地区已上升为主要矛盾，抗日救国已成为东北各阶层人民的迫切要求。

1931年9月19日，中共满洲省委召开紧急会议，部署群众进行抗击日本帝国主义的侵略斗争。并发表宣言，号召东北人民奋起抵抗，赶走日本侵略者，而后全力领导东北抗日游击战争，采取许多实际措施，援助东北抗日义勇军。

1931年10月10日，马占山任黑龙江省政府代理主席兼任军事总指挥。他于10月19日晚赶到黑龙江省会（今齐齐哈尔市），20日上午宣誓就任黑龙江省政府代理主席兼军事总指挥。他在就职演说中说："当此国难之秋，三省已亡其二，稍有人心者，莫不卧薪尝胆，誓救危亡，虽我黑龙江一隅，尚称一片干净土，而张逆海鹏，年逾衰耄，不知自爱，乘满洲事变，乃假外人势力，兴兵北犯，窥视龙江，伪造假旗服装，以施恫吓手段。幸我军上下一心，将士用命，遂下最后决心，誓以死拼……尔后凡侵入我省境内者，誓必决一死战。"

1931年11月4日，在马占山的指挥下，震惊中外的"江桥抗战"爆发了。

1932年形势恶化，日本侵略军又从南线沿"呼海路"向北进攻，并在绥化四方台交通、军事重地驻扎了军队。马占山在省会（今齐齐哈尔市）下令，采用游击战术打击敌人。同时下令各县组织民团，把日本侵略者赶出黑龙江省。6月19日，绥化义勇军指挥王凤鸣，率领民团在克音河附近与敌军激战，毙敌20余人。

此时，中共满洲省委领导下的四方台特支组织了一支有200余人参加的抗日义勇军。这支队伍曾在绥化四方台与望奎交界处，同日军进行了一场激战，打落敌飞机1架，缴获了1挺机枪。1932年秋又对盘踞在四方台的日本驻军进行了一次夜袭，缴获一些枪支和弹药，击毙一名日本军官，击伤数名日军士兵，炸毁了被日军占领的一段铁路。这支队伍在绥化、绥棱、呼兰、海伦、望奎一带转战半年之久，给敌人多次有力的打击，日本侵略军由于到处都受到义勇军的打击，伤亡惨重。这时日军认为义勇军遍布各处。因此，日军一边军事进攻，一边派人向马占山劝降，可是马占山抗日决心非常大，根本不听他的说辞，继续组织全省民众抗日武装打击敌人。满洲省委为了加强党的工作，特派清华大学毕业生曹太峰（中共党员）给马占山当秘书、做翻译。曹太峰身材魁梧，才能出众，会英语、俄语、蒙语。因此，被程志远一眼看中，程志远将其女儿程少玉许配给曹太峰为妻子。他们共同从事党的地下工作。在抗日联军西征时曹太峰随军前往苏联，准备在苏联随军回东北成立苏维埃。可是由于苏联肃反扩大化，曹太峰在苏联光荣牺牲。马占山由于指挥同日军作战过于劳累，身患重病，在去呼兰县治病中，日本又派汉奸赵忠仁前去说服马占山放弃抵抗。程志远与赵忠仁在一次酒桌上喝酒，听赵忠仁说：

"日军让我去说服马占山放弃抵抗。"当场马占山让程志远开枪把赵忠仁打死。

可惜的是，马占山病好后没有把这种游击战争坚持到底。他率一支部队越呼海路东征下江，以取得同李杜、丁超等部的联系，协同作战，日军知道后集中兵力前堵后追，逼迫马占山改变路线，转赴北部地区，继续同日军作战。满洲省委虽然派了一些党员和团员到义勇军中工作，但力量比较弱，并且多数没有掌握军权，很难带领同盟者一道去战斗，并取得胜利。马占山觉得大势已难挽回，于12月4日退入苏联境内。至此，由马占山领导的各县民众救国义勇军抗战便到此结束了。

第五节　西口子自卫团抗击日寇

1931年"九一八"事变后，日本侵略军在强占辽、吉两省的同时，于1932年春，侵占了绥化县。当时，日寇驻军只是盘踞在绥化县城和铁路沿线的车站。日本侵略军的前锋继续向海伦方向推进，为筹措军粮，小股日军经常骚扰绥化农村，到处抢粮。

1932年农历四月初一的拂晓，驻守在秦家车站的日军20余人向西经阎家店、佟家屯、小东屯（上述三屯今属东发村）直奔西口子屯（今属西口子村）搜索粮草。当经

抗日义勇军在战壕中准备阻击日军

过小东屯时，一位姓李的青年农民正在村里走路，听到日军的脚

步声，因为害怕而急忙跳入猪圈躲藏，日军发现后向其开枪射击，无辜的李姓农民惨死在敌人的枪弹之下。日寇继续西行，边走边鸣枪壮胆。村民得知是敌人下乡抢粮，就奔向西口子屯给自卫团送信。民国年间，为保障地方治安，官府准许民间私人养枪，并以村屯为单位，由农民自愿组织"自卫团"，自卫团除对本村安全负责自卫外，遇有附近发生匪情也可前往讨伐，互相联防。当接此情报后，自卫团团长王梦芹立即带领20名团员，携带枪支弹药整装出发，到西口子屯东门迎击日寇。当他们行至东洼子西坡（距西口子屯东门半华里），日军行至东洼子东坡，彼此相距200米时，立即开枪对射，交火约十分钟，天已放亮。自卫团终因力量不支边打边撤。在撤退中，自卫团团长王梦芹不幸中弹。王梦芹在生命垂危中，命令自卫团沿土坡退至南河套隐蔽，他因伤势过重阵亡，时年52岁。日

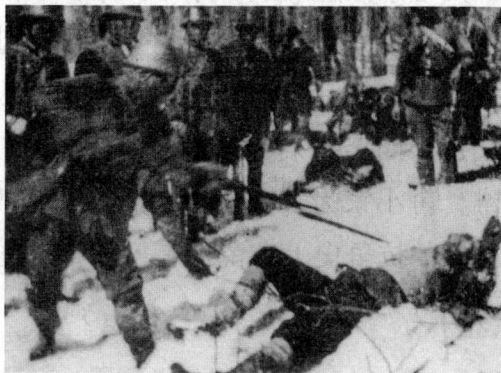

日军屠杀抗联战士

寇受到这突如其来的抗击，一时嚣张的气焰受挫，抢粮打算落空，扫兴返回县城。

自卫团团长王梦芹阵亡后，全屯老乡被他保护家乡人民生命财产安全的爱国壮举和抗击敌人的英勇献身精神所感动。为此，全屯为他举行隆重的送葬仪式，并刻送两块匾额，上书"保障可风"和"望重乡间"。此匾额在整个日寇统治东北时期都高高悬挂在其家大门楼上。

第四章 抗击侵略者斗争及英雄人物

家国民族情，河山赤子心。在日寇铁蹄肆意践踏神州大地，祖国母亲惨遭蹂躏，中华民族面临着危亡的危急关头。黑土地上涌现出了一大批爱国的仁人志士，他们满怀"捐躯赴国难，视死忽如归"的壮志豪情，义无反顾地投身于抗击侵略者的战场。在长达十四年的艰苦卓绝浴血奋战中，他们不怕流血牺牲，前仆后继，舍小家为大家，为了民族的解放和人民的自由幸福，在中华民族的抗争史上，留下了可歌可泣彪炳千秋的壮美华章。

第一节 绥化党组织创始人张适

张适，中共党员，1927年参加了广州起义，1930年后在北满的绥化、海伦地区开辟了党的工作，曾任"呼海路"（呼兰至海伦）党代表，中共四方台特支书记，中共哈尔滨市委委员，道外区区委书记和满洲省委巡视员等职，1933年7月，任中共奉天特委书记，1946年3月牺牲于哈尔滨。

张适原名张适斋，家用名张来顺，曾用名张弓、张有才（绰号"黑张"），1904年10月11日出生于山东省昌乐县圈子庄一个中农家庭，成年后与当地一个贫苦农民的女儿结了婚，婚后育有

3个子女。

张适毕业于山东昌乐县县立高等学校，后又考入济南育英学校读书。张适学习非常刻苦，各门学科成绩优异，小学即能书诗作文。他在济南育英学校时就接受了革命思想，积极参加了反帝反封建的斗争。1924年至1925年，张适在育英学校学习期间的笔记、作文，如《我对段执政之感情》《庆祝元旦之感言》《劝同志》《五四纪念我之感想》等文章，均反映出他的进步思想。张适在育英学校参加了共青团组织，1926年加入了中国共产党。

张适在育英学校毕业后，离开家乡到上海、南京等地担任新闻记者，从事党的地下工作。

1927年初，上海地下党组织送他到中国共产党领导下的中央军事政治学校武汉分校学习。由于蒋介石、汪精卫相继叛变和陈独秀右倾机会主义路线的错误，轰轰烈烈的大革命失败了，武汉分校的大部分学员也被改编为国民革命第四军教导团。1927年12月11日，在张太雷、叶挺、叶剑英等同志的领导下，以教导团为主力发动了著名的广州起义。张适同志参加了起义，和同志们一道与敌人展开了殊死的战斗，终因敌众我寡而失败。在撤退过程中，部队被敌人冲散，张适也与组织失去了联系。在南方虽然与组织失去了联系，但张适坚信在北方一定能够找到组织。张适压下复仇的怒火，带着对敌人的满腔憎恨，怀着对党坚贞的信念，隐姓埋名，历尽艰辛，从广东一路乞讨回到家乡山东。当时，山东也处在白色恐怖之中，家乡人都知道张适是个"革命党"，因此张适不便在当地进行革命活动，只好由家里筹集一点路费,再次离开家乡继续北上,来到祖国的东北。

1929年冬，张适辗转来到黑龙江省绥棱县的一个同乡家。经同乡介绍，张适在绥棱伐木场当伐木工人，后又管账，在工人中活动了一个时期。

1930年春，经过艰苦的努力寻找，张适终于和中共满洲省委接上了关系。满洲省委为了加强"呼海路"沿线党的工作，于1930年4月派张适到绥化县四方台站开辟党的工作，并任命他为"呼海路"党代表。张适到四方台后，创建中共四方台特别支部委员会，发展壮大党组织，领导群众进行抗日活动。

1932年冬，满洲省委任命张适为中共哈尔滨市委委员兼道外区区委书记。1933年3月，满洲省委任命张适为满洲省委巡视员。在此期间，张适又积极领导了绥化、海伦地区党的工作。他在白色恐怖的环境下历尽了艰辛和磨难。一次张适到吉林视察工作，被日军得知了消息，前去搜捕，幸亏得到李维民等同志的掩护，才免遭厄运。

1933年7月下旬，张适受党的委托，从哈尔滨到沈阳，担任中共奉天特委书记。

中共奉天特委是1932年初建立的，它领导着南至大连，北至铁岭，西到山海关，东到安东、抚顺等地的地下党的工作。1933年6月，由于叛徒出卖，特委书记杨一辰等20多名共产党员和领导同志相继被捕，中共奉天特委遭到第二次大破坏。就在这种情况下，张适同志来到沈阳，任奉天特委书记，负责开展党的地下工作。由于奉天特委刚刚遭到破坏，当时形势十分严峻。张适面临的首要任务就是尽快恢复特委组织。他不避艰险，四处奔走，利用同乡等关系接触工人和其他群众，不久就与党员李长贵取得联系，并发展一名叫张智山的工人入了党。又经李长贵的介，将闲住在大连的原中共山东省日照县委委员，曾组织过鲁南游击队的于翼贤调到沈阳工作。同时又与大连、抚顺等地的中共特别支部沟通联系，工作初步打开了局面。

张适一边准备恢复特委组织，一边安排党员同志到抚顺煤矿、奉天兵工厂等工人集中区开展党的工作，扩大党的组织。正当他准备拟调大连的一名女同志到沈阳奉天纱厂在女工中开展工作，还准备让于翼贤开设成衣店作为党的秘密工作机关的时候，出身于地主家庭的于翼贤被周围严重的白色恐怖环境吓破了胆，他总觉得有人盯梢，监视他，后于1933年10月8日向伪奉天高等法院自首，成了可耻的叛徒。第二天，张适、李长贵、张智山同时被捕。还没有组建好的奉天特委又遭到了一次破坏。在狱中，敌人对张适施以"坐老虎凳""灌辣椒水"等残酷的毒刑，妄想征服张适。然而张适忍受了遍体鳞伤的极大痛苦，抵制了敌人的百般劝降，却只字不露自己的身份。

经过5个多月的刑讯，敌人未从张适口中得到任何东西，只得强行判处张适12年徒刑。由于张适组织犯人同残暴的狱卒进行斗争，为狱卒所痛恨，便把张适从沈阳监狱转到条件更为恶劣的长春监狱。张适在狱中度过了艰难漫长的岁月，直到1942年伪满洲国实行大赦才得以提前出狱。

张适因长期的狱中生活及敌人的残酷刑讯，身体受到严重的摧残，但由于他的顽强斗争，终于战胜了敌人，保全了党的组织，保全了一大批从事地下工作的同志。张适的"一定忠于主义，至死不自白"的共产党人大义不屈的英雄气概为监狱内外同志所景仰。

张适出狱后，立即踏上寻找党的征途，又回到绥化县，隐居在开明士绅姜鹏博先生家里。后被姜鹏博介绍到绥化新民印刷厂当工人，他利用一切机会积极教工人学文化、学技术，与工人相处得很好，在工人中颇有威信。由于当时敌伪宪特对张适监视严密，行动不便，无法开展工作。张适计划回山东找杨一辰（当时在中共中央山东分局工作，与张适关系密切），并给杨一辰寄了信（据杨一辰讲，此信一年多才转到他手里）。1943年，张适回到山东省昌乐县家乡，拟与杨一辰联系工作。因当时其家乡正是敌伪活动最猖獗的地方，张适未在本村停留，他的叔叔安排他在外村住了一天。这时他才知道，父母已经去世，妻子也因生活困难，身患疾病无钱医治而死去，扔下了3个孩子被他叔叔收养。张适万分悲痛，鉴于当时的形势，张适无法在山东工作，他为继续寻找党组织，挥泪告别叔叔、婶母和3个幼小的孩子，再一次离开家乡，回到了他曾战斗过的地方——黑龙江省绥化县。

张适来到绥化县后，暂住在姜鹏博家，准备寻找以前失去联系的同志，组织起来抗日，但还不到半月就发现有敌人监视，宪兵特务日夜不离姜家的周围。这期间，张适听说党领导的抗日联军在齐齐哈尔附近的甘南县山区活动，于是他在姜鹏博的帮助下，一天夜里扮成妇女，由姜鹏博的家人将他送出绥化城。张适徒步来到黑龙江省甘南县宝山镇姜鹏博的姐夫张海山家。张适到那后，一边教书一边寻找抗联队伍。可是，抗联再没有到那一带活动，张适通过抗联找党的计划落空了。于是，张适就利用自己教师的合法身份到当地一个叫"道德会"的组织做文书，化名王才。张适积极利用各种机会，宣传抗日思想，教育青年走革命道路，同时，继续寻找党组织。

1945年8月，抗日战争胜利后，张适怀着兴奋的心情，由齐齐哈尔到哈尔滨寻找党的组织。历经许多周折，终于在1946年2月底找到了抗日将领李兆麟。李兆麟当即分配张适到中苏友好协会任秘书长。当时，张适住在一个旅店里，手头拮据，向一个叫刘某宣的商人（姜鹏博的好友，通过姜鹏博与张适相识）借钱买行李。几天后刘某宣到张适下榻的旅店找张适，旅店老板说，李兆麟被害的第三天晚上，张适被几个穿黑夹克的戴墨镜的人叫走了，至今未归。后经姜鹏博、刘某宣多方打听，才得知张适已惨遭国民党特务暗杀，时年41岁。

张适一生对党无限忠诚，为革命事业置个人生死于度外，他的这种精神，将永远激励后人为党的事业奋斗不息。张适同志永远活在人民的心中！

第二节 抗日英雄孙国栋

孙国栋河北省大名县人，自幼家境贫寒，苦大仇深，15岁参加西北军，后投向东北军。"九一八"事变后，他加入马占山部队，参加了著名的"嫩江桥阻击战"。之后，他在马占山部队暂编第二旅任副官。1932年12月，马占山因黑龙江省抗战失败退入苏联。孙国栋看到马占山部队抗日无望，于是拉出100多人的队伍进入山里，继续抗日，报号"压满洲"。他的部队不抢不夺，纪律严明，深受百姓拥护，队伍日益壮大。1937年，这支队伍被抗联第三军收编，开始了在党领导下的抗日活动，孙国栋任独立营营长，这期间加入了中国共产党。1939年6月，根据战争形势的需要，第三路军（1939年5月30日正式成立）所属各军撤销了军的建制，改编为支队、大队、小队等番号。1940年2月，孙国栋任抗联第三路军第九支队第二十五大队大队长，人称孙副官。1940年冬，贯彻"伯力"会议"保存实力，以利再战"的精神，部队陆续转移到苏联境内进行整训，同时，指令一批小部队留在东北继续进行抗日活动。小部队基本任务：一是侦察日伪统治状况；二是秘密联系群众，进行抗日救国宣传，组织抗日救国会等群众组织，积聚抗日力量；三是在有利条件下，打击小股敌人，扩大抗日影响；四是经营在必要时间游击队临时依据的场所以及寻找失散的抗联人员。

孙国栋率领的小分队主要活动于绥棱、海伦、庆安一带山区，在绥化这片土地上也留下了战斗的足迹，竖起了抗日的旗帜。

孙国栋出身行伍，作战勇敢，双手使枪，百发百中，不但在百姓中声名远扬，而且也是令日本侵略者十分头疼的人物。

1941年夏，孙国栋率领由7人组成的抗联小分队从绥棱上集镇来到刘家村（今绥化市三河乡），经过秘密接触、宣传、教育，提高了村民的阶级觉悟，并通过在实践中进行考验、锻炼，先后发展了牛长青、温永清、李子林等抗日群众骨干。

1942年7月28日，青纱帐刚起身，孙国栋为了进一步发动群众、组织群众、扩大抗日影响，又率领7名抗联战士来到五营村（今绥化市五营乡）霍家屯（今绥化市五营乡后五村）和与霍家屯毗邻的田家店屯（今绥化市五营乡吉利村）开展抗日宣传工作。在秘密工作中，通过启发教育，积极宣传抗日救国的政策和主张，又发展了霍家屯屯长牛万祥、村民岳广珍、张老五及田家店屯牌长刘传球和村民李珍、姜治安等抗日群众骨干。在秘密发动群众骨干、教育群众的基础上，孙国栋等人认真地总结了前段的工作，一致认为组织抗日群众骨干成立"抗日救国会"的时机已经成熟，于是，在李珍家土窑里组织成立了抗日救国会。经会员推选，李珍、岳广珍为会长，牛万祥、刘仁才、姜治安、杨明海、张老五等为会员。抗日救国会的成立大大地鼓舞了广大基本群众的斗志，真正使他们认识到，只有共产党领导的抗日联军才是自己人，跟着他们走，才能推翻日伪统治，过上幸福生活。随着抗日救国会的宣传、教育，先后又在五营村西北河套一带的刘清禄屯（今绥化市五营乡城山村）、张科玉屯、前窑屯、王花仙屯（以上3个屯子今为绥化市五营乡城山村袁家屯）发展了刘子清、石长河、袁万才、赵连珍、王德祥等抗日群众骨干。之后，发展了双河村（今绥化市双河镇）农民管德、史万生、史万发等抗日群众骨干。随着抗日救国会的不断壮大，为了进一步做好发动群众的联系工作，经研究，在抗日积极分子管德家建立秘密联络地，搜集各村警察所的敌伪活动情况。其后，又采取相同的策略，孙国栋小分队在秦家村（今绥化市秦家镇）、滨洲李（今绥化市秦家镇民兴村）、西口子（今绥化市秦家镇西口子村）等地进行抗日救国宣传活动，成立了"抗日救国会"，吸收了李勤、张仁、柳占春、任树旺等抗日群众骨干为救国会会员，进一步扩大了抗日救国会组织。

孙国栋小分队在秦家村活动一个时期后，为了把已发展的抗日救国会统一组织起来，又返回双河、五营一带开展活动。首先，在双河村抗日救国会会员管德家召开了抗日救国会会长会议。会议在总结前段发展抗日救国会会员、搜集敌人情报等方面工作的基础上进一步研究了下一步工作打算。孙国栋针对当时的时局，提出了下步活动方案：一是通过"救国会"发动各地抗日群众骨干，教育、团结、争取那些无多大罪恶，无多大民愤，并对日伪统治感到无望的伪村长、伪所长，号召他们弃暗投明，为人民做好事，为彻底推翻日伪统治出力；二是对那些与人民为敌，且死不改悔的反动人物坚决除掉；三是五营村公所、警察分驻所抓劳工、勤劳奉仕、催出荷粮、查思想犯、经济犯非常严厉，经常打骂百姓，敲诈勒索，无恶不作，百姓恨之入骨，首先要拔掉这个"钉子"。

1942年9月16日，这天深夜，由抗日救国会李珍、牛祥摸清情况后，孙国栋率领抗联战士来到村公所，除掉了岗哨，缴了3名伪警察的械，对他们进行了审讯，并向他们宣传共产党优待俘虏的政策，只要改恶从善，不与人民为敌，人民是欢迎的。3名警察再三表示，从今以后永不与人民为敌，并写下了自首书。孙国栋当即将他们遣散回家。孙国栋小分队除缴获4支大枪外，还收缴了伪警察所600元伪币，10余件衣服，油墨、蜡纸等。随后，张贴了布告，散发了传单。

这就是令日本人非常震惊的、轰动一时的"五营事件"。这一事件发生后，绥化警务科派出大批特务、汉奸到五营、双河等地的一些村屯严厉搜捕。

鉴于当时形势，孙国栋采取了避敌锋芒，出击小股敌人的战术，在五营西北河套一带与敌人迂回作战，声东击西，搞得敌人晕头转向。日伪当局为了尽快消灭孙国栋小分队，调集兵力，加强搜捕、追剿。孙国栋小分队与敌人转战一段时间后，又转移到诺敏河北岸与敌人周旋。

诺敏河北岸丘陵逶迤，正对老道船口的狼鼻山，地势险要，进可攻、退可守，有利于部队作战与机动。山上就是李殿珍屯（今绥化市民吉乡三福村）。李殿珍屯西头有一座早已断了香火的海云宫庙，住着抗日骨干李清方、姜耀东、王显廷、高永贵4户人家。

孙国栋一边与敌人迂回作战，一边发动这里的抗日骨干与其他抗日救国会联系，最后在以李清方、姜耀东、王显廷、高永贵为基础的抗日骨干秘密组织下，在原来发展的两个抗日救国会的基础上，又成立了"海云宫抗日救国会"，选屯长孙宝华为会长，李清方为秘书，姜耀东、王显廷、高永贵、孙永昌、于柏川等为会员。这个抗日救国会成立后，积极为抗联小分队搜集敌人情报，掩护小分队与敌人作战，送衣、送饭，同时发动群众，宣传抗日救国的道理。

这期间，孙国栋还通过救国会员了解到十一井子（今绥化市新生乡）大地主张景镐（外号小张五），因为坏事做尽，害怕抗日救国会除掉他，雇了一名警察给他看家护院，当保镖。为震慑敌人，扩大抗日影响，孙国栋等人决定除掉他。

1942年10月的一天晚上，孙国栋带领抗联战士和几名抗日救国会会员，打进了张地主家。然而张景镐与警察外出，他们砸烂了张家，收缴一些钱财、衣物、粮食，分给了当地群众。

继"五营事件"后又发生这一事件，日本人更加惊惧、恐慌，绥化警务科组织讨伐队在诺敏河沿岸开始了拉大网式的搜查。大特务庄庆恩常来四方台警察所二分所（今绥化市民吉乡福禄村），与二分所警察以到李殿珍屯检查社会治安为名搜集有关抗联活动情况。孙国栋为了保存实力，消灭敌人，把队伍转移到张维盖家屯一带开展抗日活动。后因这里群众尚未发动，基础较差，加之天气已入冬季，不利于灵活作战。孙国栋带领小分队又返回抗日群众基础好的李殿珍屯。之后，孙国栋小分队从这里又转到绥化、绥棱、庆安三县交界处的山里活动。

1942年2月，绥化伪警务科受上峰命令继续追剿孙国栋小分队，当即，组织了由大批特务、汉奸组成的讨伐队，在诺敏河沿岸的四方台、五营、双河一带展开了大规模的搜剿。但他们一无所获。日伪当局在没有办法的情况下，到处张贴布告悬赏捉拿孙国栋，赏伪币5 000元。

1943年8月，又是青纱帐时节，孙国栋率领20余名抗联战士又来到秦家村一带活动。在活动中，又发展了抗日骨干。同年仲秋，孙国栋率领小分队转移到绥棱张家湾东南的密营里，同于天放一起活动。

1943年12月12日晚，由于抗联战士辛福荣投敌，泄露了密营位置，日伪军和警察100多人包围了前营（密营分前营和后营，相距15里；前营由孙国栋带领，后营由于天放带领）。在战斗中，孙国栋胳膊受伤，突围后，到后营和于天放部队会合，转战小兴安岭一带。

1944年10月，孙国栋率领的小分队重返绥棱的八道河子和大、小鸡爪河一带以及绥化境内诺敏河沿岸一些村屯进行抗日活动。

　　1944年11月，日伪当局对抗联活动过的山林地区开始更大规模、更为严密的搜查，同时又加强了"归屯并户"，以隔断抗联同群众的联系。为了保存力量，发动群众，打击敌人，孙国栋决定将小分队化整为零，分散在可靠的群众家里，秘密进行发动群众、组织群众成立抗日救国会等活动。

　　1945年1月30日，孙国栋由宋万余屯（绥棱）到小五步屯（绥棱）、朱成玉屯（今绥化三井乡九井村）检查抗日救国会的工作。孙国栋到小五步屯检查工作后，当天晚上来到朱成玉屯检查工作，在抗日救国会员张万龄（又名张大撸）家住了下来。

　　1945年2月1日，早饭刚过，孙国栋与张万龄在西屋研究抗日救国会工作。由于地主狗腿子告密，日伪当局得到情报，立即派日伪军和警察悄悄将全屯和张万龄家包围起来。面对这种情况孙国栋为了避免全屯百姓和张万龄家受牵连，当即把张万龄捆起来，然后手拿双枪大步从屋里走出来，面对敌人枪口，高喊："我就是你们悬赏5 000元要捉拿的孙国栋，我已把'反革命分子'张万龄捆起来了，万万没想到今天落到你们手里。我现在给你们送赏钱来了。请上来吧，我的双枪交给谁？"敌人这才看清这人就是孙国栋，都不敢上前。孙国栋哈哈大笑："你们要不抓我，我现在可要走了。"这时，一个日本军官用生硬的中国话喊："只要你把双枪扔过来，我们大大奖赏你，不会亏待你的。"孙国栋沉着地说："好吧，冤有头，债有主，请吧，我的枪可以不要，但必须立即走。"于是，孙国栋扔出双枪，挺身走到日军军官跟前。当即，日军军官让一名特务给孙国栋戴上手铐，押走了。此时，孙国栋回头看着这个没有遭到洗劫的村庄，脸上露出了欣慰的笑容。

　　孙国栋先是被关进绥棱监狱，不久又转到北安监狱，1945年

2月，又押到哈尔滨道里监狱。孙国栋在狱中忍受灌辣椒水、坐老虎凳、电刑等惨无人道的折磨以及各种威逼利诱，可他宁死不屈，坚持斗争，使敌人的一切企图都破灭了。日本侵略者对孙国栋恨之入骨，在他们行将灭亡之前，也没放过这个坚贞不屈的共产党员。1945年8月14日下午3时，日本当局，单独把孙国栋提出监房，执行惨无人道的绞刑。孙国栋慷慨激昂地说："难友们，永别了！日寇虽然要把我绞死，但我的精神依然存在。"他边由监房往外走，边唱救亡进行曲，走到绞刑架前，他从容地高呼："中国万岁！中国共产党万岁！打倒日本帝国主义！"等口号，这时，罪恶的刽子手拉紧了绞刑架的绳索，英勇的抗联战士，不屈的共产党员孙国栋，壮烈地牺牲了，年仅29岁。

孙国栋同志，参加抗日联军以来，一直战斗在抗日的最前线，把自己的一生完全献给了中华民族的解放事业。在条件极其艰苦的情况下，他英勇顽强地与敌人周旋、作战，在绥化大地上竖起了抗日斗争的旗帜，并做出了重大贡献。他无愧于党的好儿子，无愧于抗日英雄的光荣称号；他的英雄业绩将永远根植在绥化人民的心中，流芳千载；他的英名将永远镌刻在绥化的历史丰碑上，光耀千秋；他的爱国主义精神将永远激励后人沿着他的足迹前进！

第三节　抗日英雄苏士祥

苏士祥，生于巴彦县一个贫苦农民家庭。他10岁就开始学医，20岁以行医为职业，人称苏先生，常常往来于巴彦、庆安和绥化等地行医。苏先生为人忠厚，同情穷人。老百姓说，苏先生行医治病是"穷汉子吃药，富汉子花钱"。

1930年，苏士祥将家搬到绥化县长发村陈大猪圈屯（今西长发镇太平山村）居住。1931年"九一八"事变后，他以行医为掩护，秘密组织反满抗日队伍，并联合当时号称"铁公鸡""银河"等绿林武装进行抗日活动。由于苏士祥交际面广，就报号"交得宽"。

1932年，苏士祥在绥化组织了1 000多人的抗日队伍，准备西渡呼兰河去"三肇"（肇东、肇州、肇源）抗日，不幸因渡河没有成功，被兰西的日伪武装谢大虎打散。

1935年，苏士祥带领400多人，打开藏家窝棚屯（今西长发镇保安村）大地主藏殿甲的窑子（地主的庄园，四周垒有高墙，四角设炮台，武装守护），把粮食分给附近的穷苦百姓，好马作为战士的坐骑，把金银财宝、首饰作为抗日的活动经费。

1938年6月，苏士祥率领队伍，在兰西县的大荒台跟日军展开了激烈的战斗。在寡不敌众，形势危急的情况下，苏士祥双手使净面匣子枪，一气打倒了7个日本兵，杀出一条血路，和马弁突出重围，其他人员大部分牺牲。

1940年秋，苏士祥为了抗日，将家搬到庆安县八道小崴子住。与抗日联军秘密来往，给抗日联军送医药、武器、粮食等物资，抗联战士经常住在他的家里，其中，抗联将领于天放就多次在他家住宿。

1941年，苏士祥又组建一支队伍，命名为"抗日救国军"。他说服了庆安县曹团参加了抗日救国军，增强了抗日力量。

1944年，庆安县的杂牌军给苏士祥送信，谎称他们要投降抗日救国军。而当苏士祥带十几个人前去收编时，不料中了诈降计，被日军逮捕。第二年春，苏士祥在庆安县三井子村壮烈牺牲。绥化、庆安、兰西县的广大人民永远怀念这位抗日英雄。

第四节　赤色绅士姜鸿章

姜鸿章，字鹏博，1883年出生于绥化县城内官僚地主家庭。他幼年丧父，在康家店（现四方台镇富荣村）外祖母家念私塾并度过了青少年时代。

1927年，姜鸿章到北平（现北京），经常与一些文人墨客在和平门外琉璃厂书画店里研究书画。1928年，姜鸿章从北京返回绥化，自筹经费在四方台创办了一所学校，因其字鹏博而命名"博文小学"，并任校董事会的董事长。当时，中共地下党员张适、梁道静在他的掩护下，任博文小学教师，并秘密在呼海路沿线发展党的组织。姜鸿章虽然不是党员，但由于对张适、梁道静等共产党员非常钦佩，所以积极支持他们的工作。

1931年"九一八"事变后，以博文小学的教师、学生和工人、农民为骨干，组成200余人的抗日义勇军。姜鸿章任队长，梁道静任副队长，张适任参谋长。1932年5月，该军夜袭驻四方台的日本军，击毙日军军官一名，击伤日军士兵数名，缴获一批枪支弹药，并炸毁一段铁路。1933年秋，抗日义勇军在四方台与望奎交界处同日军激战，击落日军飞机一架，缴获机关枪一挺。抗日义勇军的抗日活动，给敌人以沉重的打击。这支队伍曾在绥化、绥棱、海伦、拜泉一带转战达一年之久，沉重打击了敌人，抗日队伍发展到400多人。后因给养困难，便化整为零，分散进行抗日活动。因此，姜鸿章回到了绥化。

1933年，日本人发现姜鸿章参加抗日义勇军，将他逮捕，关押了一年多，后由与姜鸿章关系密切的绥化城内字号叫庆和长的大商户出钱将其保释出狱。

1935年，中共地下党员张克明在四方台开展抗日工作，姜鸿章在经费和枪支方面给予大力支持。姜鸿章知道了张克明的真实身份后，将自家土地卖掉，支援地下党的活动。这期间，姜鸿章在庆和长和律师工会活动，通过接触一些如苏慕章、徐砚耕等日伪要人，从中搜集情报，提供给张克明。姜鹏章外甥郑保琦在伪兴农合作社理事长办公室工作。在姜鸿章的教育下，郑保琦也秘密地为中共地下党工作。姜鸿章在此期间，曾得到律师工会的保护。他又以个人名义聘请两位律师当法律顾问，以保护自身安全，所以人称他是"赤色绅士"。

姜鸿章的革命活动引起敌人的注意后，他便机警地离开绥化，改名换姓，到甘南县道德会做书记工作。

解放战争胜利后，姜鸿章回到四方台，重建学校，把毁于战火的博文小学改为春雷中学，他仍任董事长，并聘请地下党员张克明任校长。

1946年，姜鸿章被选为黑龙江省人民代表大会代表，并当选为驻省委员（相当于现在的人大、政协常委）。1948年春节，他不幸在四方台镇欢喜岭村逝世，终年56岁。

第五节　抗日人士滕秀幽

滕秀幽（1910—1960），清宣统元年（1910年）4月20日生于绥化县原蔡家区滕家围子屯（今新华乡兴发村）。他自幼读书，天资聪慧，先于本屯读私塾，民国始在县城设高级小学，他进城读高小，后升入省城齐齐哈尔中学，于1927年考入北京大学农学院生物系就读。1931年"九一八"事变，日本帝国主义侵占了东北，滕秀幽对家乡沦陷感到无比焦虑和愤慨。他在北平（今北京）受进步老师和同学的影响，读了一些进步书籍，思想起了很大变化，毅然加入了中共地下党领导的抗日救国的群众组织——救济会。他和其他会员一起，曾多次到北平郊区向农民群众宣传抗日救国的思想。在革命活动中，他结识了几位东北籍的革命学生，如北京大学学生林枫（原籍黑龙江省望奎县，中共地下党员），清华大学学生于九公（即于天放，原籍黑龙江省巴彦县，中共地下党员），并和他们结成了深厚的革命友谊。学生们的进步活动被反动当局察觉，一天深夜，警察包围了学生宿舍，进行大搜捕，滕秀幽闻讯后，从宿舍二楼的窗户跳出来，跨出学校围墙，隐蔽起来，躲过警察的搜捕。同年12月，他大学毕业，回到黑龙江省省会齐齐哈尔市，任省立师范博物教员。后又转至齐齐哈尔蒙古师范任教。蒙古师范迁往扎兰屯后，因不任用汉族教师，他又转到省立女师任博物兼体育教员。滕秀幽在青年时期擅长体育，尤其篮球的球艺更为出众。1936年，伪满洲国选拔篮球国队，滕秀幽被列为重点选拔对象。由于他以做一个"满洲国"的国队队员为耻辱，官方几次动员他参加，都被他婉言谢绝，矢志不为之效劳。因此，当局对他的看法很不好，在暗中调查他。这一年齐齐哈尔大检举，日伪特务到处抓人，他的同仁麻秉钧就被特务抓走，下落不明。此时，他苦恼烦闷，悲愤交加，后来辞去教员职务，回到绥化县老家滕家围子。

滕秀幽从1937年至1946年，有9年时间在老家居住。他经常回忆在北平时和战友一起，发动群众起来抗日救国而不顾警特搜捕的壮举。而今，则报国无门，彼时此时，感慨万千，感叹不已。正在这时，他的表侄王家善从新京（即长春，伪满首都）而来。王家善是伪满陆军少将，这次来是动员他表叔滕秀幽随他去新京做事的。王家善在滕家盘桓了几天，非但未能说服表叔，却被其表叔所影响和开导。后来，东北光复，王家善的伪军被国民党收编为"中央军",王家善当上了旅长,驻防营口。1947年春,通过我地下党的争取工作,王家善率部队向我东北民主联军投诚。

滕秀幽的父亲死后,兄弟四人分了家,在他的鼓动下,兄弟四人都迁到县城内,在东北四道街买了一套四合院瓦房,正房五间由老三、老四居住,东厢房三间由老大居住,西厢房三间由他居住。各起各的灶,分家另住。1939年夏季的一天傍晚,滕秀幽正在凝神思索,突然一个"不速之客"闯进了他的家门。来者问清了他是滕秀幽之后,从衣扣底下拆出一个用美浓纸(薄纸)写的字条,递给了他。滕秀幽打开字条一看,顿时惊愕了,原来是于九公(于天放)写给他的。字条的大意是北平一别,没再谋面,甚念。我现于庆安县东山里抗联中工作。今派交通员前去联系,希望给予掩护,并望给凑集钱物带回。滕秀幽从速看了两遍,立即划火柴将字条烧掉。1939年正是日伪疯狂搜捕抗联的时候,绥化又是日伪统治的政治、军事中心,一贯戒备森严,不难想象,和抗联来往,一旦暴露,就会搭上全家性命。可是滕秀幽却义无反顾地马上表态,让交通员就住在他家,并表示提供一切方便,想办法凑集钱物。滕秀幽为了交通员安全,他"妻不传、子不过",把妻子儿女都动员到上屋他母亲的居室去住。夜里他将屋地上的大柜(木制的比较坚固的柜子,长约两米,是财主装钱细软东西的用具)中间的隔板打开,铺上被褥,让交通员睡在柜里。同时,将南窗户修理好,开关自如,凌晨交通员从窗户出去,到街里搜集情报,深夜再从南窗户进来睡在柜里。滕秀幽白天为交通员担心,夜里为交通员警戒,在炕上辗转反侧,彻夜不寝。在前后两年中,交通员多次住在他家,每次都安然度过,交通员每次走,滕秀幽都尽最大努力给抗联部队带些钱物。

自从和抗联有了联系后,滕秀幽的精神振作起来了,他从失落中看到了光复祖国的希望。这个交通员出没他家之谜直到1946年春节，于天放带4个警卫员到他家访问之后才揭晓。光复后，于天放同志任黑龙江省军区司令，曾来绥化特意看望滕秀崮，向他致谢。因为秘密已公开，于天放为了滕秀崮的安全，还送给他一支手枪作护身之用，后来他把这支手枪送到县政府交给了刘斌同志。

1946年秋，政府根据滕秀崮的政治表现，请他到绥化中学任教。从此，他正式参加了革命工作。上课时，他凭着"诲人不倦"的精神和北大农学院毕业的功底，又经过精心的备课，把知识深入浅出地教给学生。他讲课既不拿腔作势，声嘶力竭，也不无精打采，照本宣科，而是从容不迫，于淡泊中见新奇，从枯燥中出趣味，如小溪之水，涓涓流淌，渐渐滋润学生的干渴心田。由于他热爱学生，教课认真，深受学生的欢迎和爱戴。

1947年冬，"土改"运动进入高潮。滕家围子农会，知道滕秀崮的底细，又因他支援过抗联，在"土改"斗争中未进城来找他。可是，城里街道委员会并不了解情况，只知道他家是地主成分，天天撵他还乡。在此情况下，滕秀崮把现住的房子卖给铁路医院大夫靳世光，用钱还了债，然后全家搬回滕家围子。到农村后，他又主动将仅有的衣物献给了农会。农会不但未斗争他，反而给他安排了住房。

1949年春，"土改"过后，绥化中学又请他回校工作，于是他把家又搬回县城租房住。这时，学校建立教育工会，中学党组根据滕秀崮的政治表现和群众基础，由组织提名，经民主选举，他当上了中学工会主席。1954年，他当选为县第一届人民代表、县人民委员会委员。1956县成立第三中学，他被任命为三中校长，又被安排任县政协委员，当选县政协副主席，还担任了省政协委员。1958年，在县第二届人民代表大会上，他光荣地当选为副县长。

由于滕秀幽的资历、阅历和人品，他自然成为一位德高望重的长者。但他从不以长者自居。他为人谦逊和蔼；办事言必信、行必果。他分管全县文化、教育、卫生和体育工作，经常深入基层了解情况指导工作。每次下基层都是微服简从，不是骑自行车就是步行，从不在基层吃饭。基层干部向他汇报工作，他总是认真听取，并摘记在笔记本上。在耐心听取汇报，充分发扬民主的基础上，提出指导性意见。他不下车伊始，夸夸其谈，乱发表"指示"。每天下班后，他家总有教师、医生、演员在等他。他与他们亲切地交谈，经常到很晚才散去。就是农村的亲友造访，无论在机关或在家，他都每来必见，问长问短。从不有失于民。他自己说，多接触群众，和他们"聊天"就是了解情况，掌握第一手材料的好机会。滕秀幽在绥化是一位知名度很高的知识分子。各级党委对他都很尊重，以诚相待，结成稔友。他当副县长时，和县委书记张文棠、县长朱重然等领导之间，都合作得非常好。他们互相尊重、相互依赖，建立了深厚的革命感情。在他分管文教、卫生、体育工作期间，儿童福利院、师范学校都是出席1958年全国文教群英会的先进单位，受到中央的通报表扬。那几年，田径、球类、滑冰等体育比赛，绥化县在全地区蝉联冠军。这些成绩虽然不都属于他个人，但与滕秀幽同志坚决贯彻执行党的方针政策，经常深入基层工作，并进行具体指导是分不开的。毫无疑义，滕秀幽同志的成绩是显著的。

1960年8月21日，滕秀幽同志因患肝硬化医治无效，在哈医大二院逝世，享年51岁。

第五章　铭刻于心的回忆

第一节　历史追忆

解放初期绥化的革命斗争

陈雷

　　1945年8月8日，苏联根据雅尔塔协定对日宣战。在中国共产党领导下的东北抗日联军，派出精干的小部队，为苏联红军进入东北指引前进路线，并配合苏联红军与日本关东军作战。我作为一名抗联老战士参加了推翻日伪统治的这一战争，随着苏联红军回到黑龙江。

　　从苏联回国时，李兆麟同志分配我负责巴彦、木兰、通河、呼兰、铁力、庆安、望奎、绥化8个县的工作。我和张广迪、王钧率领22名抗联干部，于1945年9月上旬到达北安县城，于9月13日我与张广迪、王钧分手，带领一个组抵达绥化县城。回来工作一段时间后又按黑龙江省和松江省的行政区划重新作了调整，我负责属于黑龙江省的绥化、庆安、铁力、望奎4个县的工作。

　　"八一五"日本投降后，当时的斗争形势十分复杂。国民党蒋介石为了夺取抗战的胜利果实，利用电台大造舆论，让日伪时期的各级行政机构一律改为"国民党地方治安维持会"，坚持工作，等待接收。并把日伪残余、旧官吏、反动地主、地痞流氓等纠集起来，建立反动组织、反动武装。这时，国民党从呼兰县派来李景华等3个接收大员到绥化活动，1945年8月22日，在绥化县电影院召开了大会，成立了"国民党绥化县地方治安维持会"，会上推选汉奸豪绅常栋彝（外号"常八"）为会长，原伪县长汤铭新为副会长，接着国民党又派柳国栋等反动头目来绥化，成立了"国民党绥化县党部"，挂出了国民党的牌子。他们大部分是伪满官吏，摇身一变，就成了国民党。他们到处煽风点火，为国民党蒋介石效力，还在街上张贴反动标语，迷惑群众。因此一些知识分子和群众的思想比较混乱。

为了稳定政治形势，安定民众，顺利开展绥化的工作，我利用苏军绥化卫戍司令部副司令员的职务之便，组织了"红军之友社"，以这个组织的名义开展工作。可是由于少数苏联红军战士纪律不好，"红军之友社"这个名字不便联系和争取群众，转而又于1945年9月21日改称"民众教育馆"，实际上它是中共绥化县委的临时机关。我们主要是通过这个阵地，宣传教育群众，争取青年知识分子，培养训练干部。民众教育馆的学员有抗联干部战士，中小学教员和国高学生，学习的主要内容有《九一八到七七》《新民主主义论》《论持久战》《论联合政府》《论解放区两个战场》《共产党宣言》等。我们还把这些材料油印成册，进行讲演，开展中国向何处去的讨论。同时，我们还派大批干部深入工人、农民、妇女、知识分子中，宣传共产党毛主席如何领导人民战胜了日本帝国主义，揭露蒋介石出卖东北，消极抗战，积极反共的罪行。向工人、农民和知识分子传播马列主义、毛泽东思想，宣传我们党的方针、政策，强调抗日战争胜利后东北的特殊重要性，明确东北地区的战略任务。我们依靠"民众教育馆"这个阵地，吸引团结群众，发展党员，使之成为党联系群众的桥梁。在这期间我们发展了任海山、周简、春雨蕃、丛万和、白银贵等一批党员。并把经过培训的学员分配到各地，有力地促进了党的各项方针政策的实施。

为了进一步发动群众，建立自己的武装，成立县政府，我们做了以下几项工作：

第一，我们带领党员干部深入基层，广泛联系群众。在电影院、剧场、学校等公开场合，宣传我们党和平民主的主张，揭露国民党反动派的内战阴谋，并且瓦解国民党在各地的组织。为了争取团结知识界的力量，消除知识分子的思想顾虑，占领教育阵地，我特地邀请当时在教育界有名望的牟玉昆、李笑旃、周法兴、时万禄、王进城等人到蓬莱阁饭店吃饭。席间，我向他们了解教育界的情况，宣传党对知识分子的政策，讲述了党对教师的重托和期望，安定学校秩序把课上好。我们还派李敏同志到女子中学的教员中去工作，争取一批知识分子。

第二，我们抓了工人队伍的建设。我们派了党员干部袁树华同志带领工人积极分子张守山等人深入工人中，秘密串联，启发觉悟，成立了工会组织。在党的领导下，发展积极分子，发动工人反奸除霸。开始在面粉厂，后来扩大到制材厂，铁路机务段和电务段。经过一个多月的工作，于1945年11月初，在火车站召开了审判大会，批斗处决了绥化车站脚行大把头王乃贵和德昌厚制米厂经理孟向阳。

第三，抓人民武装的建立。我们派原抗联干部孙志远、李占春等人打入国民党治安队和"国民党绥化县地方治安维持会"控制的公安局，瓦解敌人的武装，成立了人民自卫队第一大队（设在绥化），与此同时任命张克明同志为四方台区委书记，协助区委顺利地收缴了四方台警察署的枪支弹药，建立了人民自卫队第二大队（设在四方台），并成立了人民自卫队总部（设在南门里广信当大院）。

第四，破获了国民党地下先遣军。国民党地下先遣军头子张明士，在绥化刚活动就被我们掌握了。光复前张明士在绥化开"环球医院"。光复后，他离开绥化去哈尔滨，暗地里给国民党办事。国民党任命他为地下先遣军的军长，在潜回绥化后，到处发展地下先遣军的骨干。我们不失时机地派出部队，彻底破获了这个反革命组织。同时，我们还得到了国民党挺进军十八支队在绥化活动的情报，我亲自率领部队到北门里发顺电厂破获了这个潜伏的地下反动组织，并逮捕了国民党在绥化策反的头子韩林。从而安定了人心，初步稳定了政治局势。

为了夺取政权，在上述工作的基础上，根据我们和苏军卫戍司令部掌握的情况，搜查了"国民党绥化县党部"，查获了反苏反共的文件和材料，当即宣布封闭"国民党绥化县党部"，第二天解散了"维持会"，派人接收了电话局、教育局、电业局等要害部门。于1945年11月13日，由我和阎继哲同志组织和主持，在绥化"九江楼"饭店召开了由99人参加的各界人民代表大会。会上选举了从伪监狱中解放出来的地下党员阎继哲同志为县长，刘铮为秘书长，成立了绥化县政府。全县划为13个区，原"维持会"的财产均被我县政府接收。政府各部门开始了正常工作，学校复课，商店营业，工厂恢复生产。

1945年11月下旬，上级党组织从关内派来蔡明、姚国民、杨毅夫、肖杰、车雪轩、朱维仁、陈化争、尹东征、刘克平、李光裕、王连君等一批党员干部，组成了绥化中心县委（也就是绥化县委）。我任绥化中心县委书记，蔡明、姚国民、杨毅夫、陈化争、肖杰为委员，李光裕为县委组织部长，肖杰为民运部长。中心县委受省委委托兼管庆安、铁力、望奎三个县的工作，以杨子荣、戴宗友为首组成庆安县委，刘光同志为铁力县委书记，陈化争同志为望奎县委书记。

　　1945年11月底，在绥化县人民自卫队的基础上，成立了"龙南纵队"，蔡明同志任司令员，我兼政委，姚国民同志任副政委，杨毅夫同志任政治部主任。下设3个营：绥化县城为第一营，营长郭金甲；四方台为第二营，营长谷斌；永安为第三营，营长陈春。我从苏军卫戍司令嘎萨拉耶夫少校那里要来两火车武器和弹药，装备了队伍。在一天夜里，我们在绥化铁路岔线卸取枪炮子弹时，纵队供给处长刘建勋同志不幸被暗枪击中牺牲。我们用这批武器装备了以铁路工人为骨干的龙南纵队。

　　同年12月，把"民众教育馆"改为"龙南军政干部学校"。蔡明同志任校长，我任政委，经常做实际工作的是肖杰、车雪轩等同志。为了加强学校的工作，我们又从四方台抽调10名党员到这个学校工作，招生范围也扩大到望奎、庆安等地。"龙南军政干部学校"办了6个多月的时间，共招收学员200余人，毕业后大部分被分配到政府、军队、公安局和民运工作团工作，为党培养了一大批干部。

　　1946年1月，省委、省军区决定，全省部队统一改编为省人民自卫军旅的建制。我们"龙南纵队"改为黑龙江省人民自卫军警备第一旅。蔡明任旅长，我任政委，开展了剿匪斗争。

　　"八一五"日本投降后，伪庆安县县长刘绪忠，警察署长黄宇廷等投靠了国民党，将原伪军四五百人编为国民党光复军二十六旅。刘绪忠任旅长。黄宇廷任副旅长。他们与土匪头子国长友、曹荣勾结，网罗一些土匪、地痞流氓，盘踞庆安，并多次到绥化东部地区骚扰百姓，他们打着青天白日旗，扬言要占领绥化，弄得人心惶惶；一些地方土匪武装也骚扰城镇到处流窜，抢夺人民财物，破坏交通，杀害我党干部，如在望奎河口，土匪袭击堵截我军车，望奎县县长冯耕夫，县委副书记、大队政治处主任胡再白，哈西军分区某部政治部主任王炳衡以及林枫同志的父亲，不幸遇害。这就是惨痛的"河口事件"。实践证明，这股反动势力如果不清除，龙南地区的形势就不能稳定，一切工作就无法进行，刚刚建立起来的根据地也无法巩固。在这种情况下，我们研究决定开展剿匪工作，一是组织我旅第三营和望奎县大队（大队长朱军）追剿望、兰、绥三角地带的土匪；二是派部队去庆安剿匪。第一次我派大队长郭海川同志带三中队两个排共60多人乘车去庆安。当时庆安光复军早有准备，表面热情迎接，暗中已将我军包围。我军三排长关玉珠在安排岗哨时，发现敌情，马上向大队长郭海川作了报告，于是郭海川想了一个脱身之计，佯说："我们的司令员、政委带队到了龙船，让我们马上去接。"于是脱离了险境。后来，又经过四五天的准备第二次去庆安。这次去庆安有100多人，其中有苏军30多人，还带了两门炮，队伍开到龙船后，便开始向庆安城内打炮，光复军很快被打散花了，我们接收了庆安，一部分光复军向我方投诚。但是，几天以后，投诚的部分光复军又暗中勾结土匪，在一次夜里包围了我们的部队驻地。我得知这个情况后，立即与哈尔滨的苏军指挥部联系。第二天从哈尔滨派来苏军20多人，并带来大炮和轻重机枪，由驻绥苏军司令嘎萨耶夫少校率领，赶到龙船增援。当时土匪埋伏在绥佳铁路龙船车站南的张善人屯的麦秸垛里，苏军司令嘎萨拉耶夫少校指挥苏军与土匪展开激战，在战斗中他身先士卒，被敌人的子弹打中而牺牲。经过激烈战斗，最后击溃了盘踞在龙船的国民党光复军。

1946年春节前夕，我们在绥化处决了恶霸地主常栋彝（外号"常八"）。常栋彝在日伪时期曾当过矫正院院长，是日寇在绥化残酷统治和屠杀中国人民的帮凶，是地地道道的日本帝国主义的忠实走狗。光复后他和庆安县恶霸、土匪头子于化鹏相勾结，在他家多次窝藏于化鹏，进行反革命策划，干尽了坏事。日本侵略者投降后，常栋彝又被推选为"国民党地方治安维持会"会长，还私通苏军临时用的翻译于长青（外号叫于毛子）做坏事，并骗取一名苏联军官的信任。有一次我们在常家捉到于化鹏，但因"常八"串通于毛子向苏军说情，被苏军释放。我们觉得这样下去很不妙，不除掉我们身边这个祸根，是不能站住脚的。一天晚上，中心县开了紧急会议，决定消灭大土豪、大汉奸常栋彝，由我们一旅副政委姚国民同志负责，派一营营长郭金甲带领两个班的战士摸到"常八"大院，把他抓了起来，押到龙南纵队司令部。经过审讯于2月1日夜拉到县城南门外娘娘庙（今铁路司机学校）西边枪决了，并发了布告。这件事震动了整个绥化县和龙南地区，群众拍手称快。但因事先没有告诉苏军卫戍司令部的代司令道尔任科夫少校，他大发雷霆，要赶我们出城。我几次同他交涉无效，感到事关重大，急忙赶到哈尔滨向李兆麟同志作了汇报。李兆麟同志当即向苏军少将儒拉夫列夫反映了上述情况，3天后，苏军方面就把绥化县卫戍司令部那个代司令撤职押走了，使我们的工作取得了主动权。

1946年2月2日（春节），我们得知混入一营一连的国民党先遣军分子阴谋利用半夜拜年的机会，企图枪杀我们司令部的主要领导同志。我们立即派姚国民副政委去该连队，以列队讲话"枪放下"的形式，逮捕了国民党先遣军的潜伏分子，制止了一场血的惨案。同时我们还遵照省委的决定，对部队进行了清洗，把伪警察、特务和地痞流氓清洗出去，吸收了大量的工人、贫雇农出身的人到部队里来，从而使部队得到了纯洁和巩固。

1946年3月1日，召开了绥化县第二次各界人民代表大会，选举了政府委员、常务委员、县长。会上我做了《在敌伪铁蹄下抗联进行坚苦卓绝的斗争》的报告，县长阎继哲同志报告了《政府五个月来的工作》，并且宣布了《施政方针》。会后紧接着开展反奸清算、减租减息，动员青年参军参战，为巩固后方根据地打下了坚实的基础，同时对我们党稳固地坚持哈尔滨的工作，也起到了配合作用。在这以后，我们还处决了日本特务于长青。伪满时，他以其妹妹于凤兰给日本军官当姘头的关系，在日本宪兵队当特务。于家兄妹两人罪恶多端，民愤极大。"八一五"光复后，其兄妹两人又勾结军、警、宪、特进行反革命活动，死心塌地地为敌人效劳，与人民为敌。苏军进驻绥化后，于凤兰又与苏军一名上尉结了婚。其兄于长青以给苏联红军当翻译的身份，进行反革命活动，破坏我党和苏联红军的友好联系。我们抓住国民党的坏蛋，于家兄妹就通过苏军司令部的人，把他们要出去放走。苏军撤离绥化时，于家兄妹随苏军去哈尔滨。苏军回国后，他们又以侨民身份取得苏驻哈领事馆的保护权，匿居哈尔滨。根据他们的一系列反革命罪行和广大群众的要求，我以东北军区除奸部队的名义派人去哈尔滨将于家兄妹逮捕，押回绥化拘留起来。于1946年农历四月十八，在绥化南门外借娘娘庙会之机，经过群众公审，政府批准，将于家兄妹拉到庙会西南大地上枪决。当时赶庙会的群众上千人跟到刑场围观，大灭了奸、特坏人的威风。

1946年6月，政治斗争和军事斗争的形势非常紧张。国民党反动派企图侵占东北全境，向各地派遣特务，组织反动武装。面对这种情况，经省委决定成立龙南地委。刘莱夫同志任地委书记，我任副书记兼专员和军分区副政委，领导绥化、望奎、庆安、铁力、明水、青冈、兰西、安达8个县的工作。并确定地委机关离开铁路沿线，将地委机关从绥化迁到望奎。之后，又按西满分局指示改为"西满三地委"；同时将二线兵团补充前线。蔡明、杨毅夫同志调往前方。根据当时的形势，上级指示我们"让开大路、占领两厢"，即让开铁路近处的开阔地带，占领铁路两侧的山区和丘陵等边缘地带，以利于作战。为此绥化县分为绥化、绥东两个县。姚国民同志任绥化县委书记，李光裕同志任绥东县委书记。与此同时，成立了龙南军分区，赵承金同志任军分区司令员，我兼任龙南军分区副政委，周为同志任参谋长，赵明同志任政治部主任。军分区共有5个团，约有四五千人，我们在龙南各县继续开展剿匪斗争。6月10日，我们对当时的形势作了具体的分析，并部署了工作，组织工作队到群众中去，做艰苦细致的工作，为了进一步巩固农村根据地，我们要求各县委要亲自掌握各区的情况，县委的委员尽可能地兼任重要地区的书记，各县的农村相继成立了基层党支部、贫农会，吸收最优秀的贫农入党，进行土地改革运动。

1946年秋，龙南各地农村普遍开展了土地改革运动。我们按照省委书记王鹤寿同志的指示，主持召开了关于土地改革工作动员大会，并抽调90多人组成土改工作队，深入各地农村开展工作。当时我们分析了农村的阶级状况，总的特征是："财富集中于城镇，土地集中于地主。"约计百分之五的少数地主占有百分之七十以上的土地，形成宝塔形。农村赤贫化相当严重。雇农占百分之四十，贫农占百分之三十，赤贫没地、没房、没牲口，有的两家住一铺炕，一家人只有一件破衣服，到室外活动轮流穿用，甚至有的大姑娘没裤子穿裹着破麻袋片，人民痛苦惨状真是目不忍睹。可以看出地主阶级在农村的剥削是多么严重。他们不仅剥削佃户和雇农，还剥削大量的贫农，有些地主还有武装，把持着农村政权，地主阶级已成为国民党反动派在东北的主要社会基础。我们推翻了伪政权，但是反动地主和反动势力的残渣余孽仍不甘心失败，幻想国民党军队打过来一举变天。这就是说，如果不彻底推翻地主阶级的剥削和统治，广大农民群众就不能获得真正的解放，根据地的建设也不会巩固。起初，我们在农村搞减租减息，地租一律实行"二五"减租，高利贷实行"一五"减息，按人分青苗，秋天由分得者收获。针对前一段清算斗争给地主留地多，浮物财宝挖得不彻底等问题，我们在干部和工作队员中进行"三查"，即查阶级、查思想、查历史，提高了广大干部和群众的阶级觉悟，坚定了阶级立场，统一了思想认识。1947年春节后，组织工作队下乡，深入农户，进行土改的大动员，做到"村村点火、家家冒烟"，还推广了宾县的经验，提倡穿乌拉鞋，住马架子，真心与贫雇农相结合。各地普遍开展平分土地，实现土地还家，做到"耕者有其田"，在地、县委的领导下，发动群众分房分地。对农村的地主豪绅实行走乡串屯的联合斗争，群众叫"大扫堂子"，从而摧毁了封建势力。据当时龙南地委在绥化县联席会议上的工作总结记载：仅绥化县就斗争大地主307户，中地主457户，小地主849户，被镇压的地主40人。贫雇农分得土地125 000垧，房子182 275间，以及分得了大批的车马牛犋等。1947年夏开始"砍挖运动"，即"砍大树、挖财宝、分浮物"。土改工作队依靠贫雇农协会，发动群众，向群众"交底"，给群众"撑腰"，鼓励他们把没有打倒的地主打倒，把没有挖出来的财物挖出来，对罪大恶极的地主进行镇压。一个月的时间，全县就挖出黄金300两，元宝120锭，银子3 000两，浮物价值10亿元左右。当时绥化县人口为28万，农会有27 025个，民兵有3 776人，自卫队有6 629人。

随着土改运动的深入发展，各地普遍成立了区、乡政府、农会、自卫队、妇女会、儿童团等组织，他们替人民说话，为农民办好事。最突出的有两件事：第一件是设医院和卫生所。过去农民生病"听天由命"，每逢疾病流行，遍地尸骨。现在翻身的农民有了自己的卫生院，患者从四面八方来看病，感谢党温暖。第二件是办学校。广大农民在土地改革中分到了胜利果实，有吃有穿，要求学习文化。我们办中小学，让孩子读书，并向家长宣传党的方针政策。

1946年12月，为了支援解放战争，由我主持成立了绥化县各界拥军委员会。参加的有县政府、工会、商会、教育界等，我们还根据党提出的"抓紧生产、支援前线"的口号，积极组织广大农民从土地斗争转入生产斗争，用一切力量发展生产，用大力增产粮食来支援前线。春耕时节，我们下乡帮助农民组织小型的（一副大犁为单位）生产互助组，有力地促进了生产的发展，参加互助组的户数占农村总户数的百分之八十左右。各地还发动生产互助组之间开展劳动竞赛，广大农村呈现出一派热气腾腾的大生产局面。他们高兴地说："家家有土地，户户有牲口，人人有饭吃，个个有衣穿。"从此人民群众的生活发生了显著的变化。他们衷心地拥护共产党和毛主席。人们把加入共产党看作是无上光荣，把支援前线当成自己的任务，凡是拥军、参军、出车、出担架、送公粮等任务，都争先恐后地参加。这些政治、经济上的变化，大大鼓舞了前方战士英勇杀敌的斗志。我们后方的许多干部也都争着要求上前线，参加东北解放战争的最后决战。陈云同志风趣地指示我们："你们要安心在后方工作，当好'粮贩子''兵贩子'"。于是，我们便积极地做好二线兵团的组训工作。各地城乡呈现出父送子、妻送郎，兄弟双双穿军装的动人景象，形成强大的后方兵源基地，不断派送二线兵团开赴前线充实主力军。

1947年7月，东北局将北安、龙南、黑河3个地委合并恢复了中共黑龙江省委，王鹤寿同志仍任省委书记，范式人同志任省委副书记，赵德尊同志任组织部长，王坤骋同志任宣传部长，调我任省委秘书长，从此离开了工作了两年的绥化。

虽然事情已过去40多年了，然而这一段的经历，却是非常艰苦复杂的。以绥化为中心的龙南地区在反奸清算、土地改革、生产运动中的光辉成果，都是紧紧依靠党的领导，依靠人民所取得的。这些事我记得比较清楚，回顾一下，记录下来，留给后人。对了解绥化，建设绥化会有好处的。

（本文作者曾任黑龙江省省长）

龙南纵队的建立

李海青

日本侵略者侵占东北之后，我看到东北人民遭到日本侵略者的蹂躏，挣扎在死亡线上，在这民族存亡的紧要关头，我带着对日本侵略者的刻骨仇恨，加入了共产党领导的东北抗日联军。

1942年，我接受东北抗日联军二路军司令部的命令，到苏联受训，于春末到了苏联。苏联红军远东军司令部把我编到88旅（属苏军的1个旅）。旅长周保中，政治副旅长李兆麟，参谋长崔庸健。下设四

龙南纵队司令部所在地

个营，我在2营3连当副排长。营长是王学明，连长是杨青海。

1945年8月10日，旅部从4个营抽出18人，我是其中之一。旅首长分别找我们谈话，交代任务。当时是李兆麟同志找我谈的话。他说，现在苏联对日宣战，苏军已经越过中国边境对日作战，你和孙志远同志同一部分苏联红军进驻绥化县，开展建党建政建军工作。

遵照李兆麟同志的指示，8月27日，孙志远和我同苏联红军到了绥化，又过几天，陈雷同志也到了绥化。我们都住在苏军司令部里（正大街路北，现在的运输公司小楼位置）。苏军司令官住在楼下，我和孙志远、陈雷同志住在楼上。

一天晚上，我找陈雷同志商量，我提出，我们要早一点抓武装力量，不然，等苏军撤走，我们就成光杆司令了。我提抓武装力量的办法是把"治安队"抓过来，改造成我们的武装力量。当时在大汉奸常栋彝控制的"国民党地方治安维持会"有一个治安队，是由伪警、宪特、土匪组成的。我打算到"维持会"，把这支武装力量抓过来，进行改编。陈雷同志听了我的想法之后说："这要请示驻绥苏军司令部。"于是，我们俩到楼下找苏军的正、副司令，谈了我的想法，我不会俄语由陈雷同志翻译。苏军司令听了摇摇头说："你对革命很忠诚，到那去很危险。"我一听急了，大声说："怕死就不干革命了。"他们看我的态度非常坚决，就答应了。

第二天我来到"维持会"，正好常栋彝、汤铭新（伪县长）、沈继武（伪公安局长）等主要头目都在。我假意和他们说："在苏联红军里，要求太严，不随便，让我到你们这里来干行吗？"常栋彝说："你愿意来吗？"我说："愿意。在这比苏联红军那自由。我到这来行政、财政、民政全不管，就管打土匪、管治安。"因为在他们看来，行政、财政、民政有油水，打土匪、管治安，不但没捞头，而且不安全。其实常栋彝等人和土匪相勾结，根本谈不上打土匪，他们所说的"土匪"和我说的土匪在含义上是不同的。他们对我所说的打土匪并不理解，所以就说："我们同意你来，一会儿我就去司令部要你。"我说："那好，如果苏军司令部允许，我明天就到这来上班。"常栋彝哪里知道这是昨天晚上我和苏军司令早已谈好了的。

我打入"维持会"任公安局副局长，负责"治安队"工作。此后，我就琢磨怎样改造这支队伍。当时治安队的队长是常栋彝的亲信李景云（外号叫李慌子，镇反时被镇压）。要掌握这支武装必须先拔掉这根钉子。为此，我以李慌子的儿子当土匪（报号九江）为由，将他赶出治安队。接着又把治安队改名为"人民自卫队"，司令部由原"维持会"的地址移到民众教育馆。为了稳定局面，利用伪县公署警务科长孟宪书担任大队长，我任副大队长。

10月份，我党在工厂选调了40余名出身好、表现积极的工人成立了"工人纠察队"。我党以工人纠察队为骨干充实了自卫队，逐步清洗了由常栋彝搜罗来的警察、特务，逐渐改编成为我党掌握的武装力量。与此同时，县委任命在四方台搞地下工作的我党干部张克明同志任四方台区党委书记。他们了解到四方台警察署有五六十支枪，就派陈国禄来绥化县委汇报，县委派我带几名自卫队战士到四方台协助区委缴了警察署的枪，利用这批武器成立了绥化县人民自卫队四方台第二大队（绥化为第一大队）。

11月13日，在我党领导下成立了绥化县政府，人民自卫队也有了新发展，绥化县一大队发展为3个营，装备有四五门大炮和两挺机枪，四方台二大队有4个连。又控制了敌伪东亚汽车公司20辆汽车，没收了广信当现金数10万元，"火磨"库存的一些面粉，四方台300多辆火车皮的粮食。以这些物资作军需，使这支武装逐渐强大起来。为适应部队发展的需要，人民自卫队司令部迁到广信当，成立了自卫队总部，担任维护城内社会治安和清剿土匪的任务。在我党接收庆安时，我和部分自卫队战士配合苏军与盘踞在庆安的国民党光复军展开激战，光复军被我方击败，在这次战斗中驻绥苏联红军司令员不幸牺牲。

11月末，根据上级指示，人民自卫队编入"东北人民自卫军"，改为"龙南纵队"，司令部仍设在广信当，蔡明任司令员，陈雷任政委，姚国民任副政委，杨毅夫任政治部主任，纵队战士都佩带"东北人民自卫军"的臂章。

1946年1月，遵照省军区的指示，"龙南纵队"又改为"人民自治军警备一旅"，担负清剿龙南五县（绥化、望奎、庆安、铁力、青冈）的土匪；配合省军区参加清剿其他地区大股土匪的战斗任务。部队一面执行艰苦的剿匪任务，一面整顿队伍，使这支队伍逐渐纯洁。1947年，随着形势的发展，警一旅改为龙南第三军分区，编入第四野战军。

日伪统治下的绥化"国高"

曹佩新

1931年"九一八"事变后，日本帝国主义者侵占了我国东北三省，于1932年，建立了所谓的"满洲国"。日本侵略者为了在政治、经济、军事、文化等方面加紧统治奴役东北人民，实行法西斯奴化教育来抹杀民族意识，绥化"国高"就是伪满实行奴化教育的一例。

我于1940年1月至1945年"八一五"日本侵略者投降，这一期间，曾在这所学校任教，耳闻目睹了这里的一切。现在凭自己的记忆，将大概的情况叙述如下，旨在教育后人，莫忘国耻，致力振兴中华。

这所学校的全称是：北安省立绥化国民高等学校，简称绥化"国高"。校址在现在的消防队驻地，原伪县公署对面，是由民国时期的黑龙江省第二中学改名建立的。在民国时期黑龙江省有两所重点中学，第一中学在齐齐哈尔，第二中学在绥化。日本侵占东北以后，把第二中学先改称为滨北省绥化中学，后来又改为北安省绥化国民高等学校。

1940年秋，在南门外西边的"穷棒岗"屯（现在的太平岗机床厂所在地）新建了校舍，学校迁至该地。此处占地面积很大，但是设备简陋，属于学校的土地有20余垧，有教室12个，还有校长室、教官室、事务室、值班室、厨房、餐厅等。

1940年我来校任教时，校长赵廷珍，首席教员是日本人山崎。1941年校长曲振华，副校长是日本人未次。不久，未次调走，又调来个叫板田的日本人任副校长。教务主任是日本人矢岛，事务主任是日本人今村。1942年曲校长调走，由板田任校长。1943年，校长是日本人三好左门。1944年至光复校长是日本人深城真义。中国人当校长，都配备日本人当副校长，日本人当正校长后，就不再设副校长。1942年前，表面上是中国人当校长，但实权在日本人的副校长手里。1943年以后则从名义上到实质完全由日本人操纵。

日本对"国高"学生的奴化教育是逐步深化的，表现在课程设置和教材上是逐步渗透，逐步向深广发展。当时开设的课程有：国语、国民道德、数学、物理、化学、历史、地理、农业、英语、音乐、图画、体育、军训。

所谓的国语包括日语和满语（汉语）。日伪把东北人民称"满洲人"，规定日语和汉语为"满洲国"的国语。

日语每周6节，在各门课程中占授课时数之首。把日语列为国语是殖民地化的一个典型标志。担任日语课的教师均为日本人，他们不懂汉语，凡是讲课、提问、考试等均用日语，目的是迫使学生学日语。

满语课每周3节，以前叫国文，后改叫国语。主要内容是文言文和白话文。白话文占多数，大多数是无名作者的文章，日本作者宣扬日本历代天皇、将相武士以及法西斯军人的传记、故事，如乃木大将、佐久间大佐事略等。此外，也有少许鲁迅、朱自清的文章。这些文章都是挖空心思选的，或断章取义，或在讲授时曲解原意，灌输英雄造时势和作统治阶级驯服工具的思想。

国民道德课后来改为"建国精神"，是奴化教育的主要课程，其宗旨是麻痹学生的思想，泯灭民族意识，使之成为日本侵略者的驯服工具，内容有：

1.宣传日本是世界上最强大的国家，大和民族是优秀的民族，日本的"天照大神"是"世界之父"，宣扬"惟神之道""八纮一宇"。

2.宣扬学生要做"满洲国"驯服的"中坚国民（国兵、警察、伪官吏）"，守"学生之本分"。

3.美化日本侵略中国的"我国之建国"，其中讲在"友邦之援助"下建立了"王道乐土"，中国人应"报恩感谢"。

4.宣扬日满同文种应相亲，对日本侵略者应"一心一德""共存共荣""民族协和"，建立大东亚共荣圈。

5.美化傀儡政权的"皇帝即位""天壤无穷的国体""忠君报国"。

6.宣扬"大东亚圣战完遂""大东亚圣战必须胜利"。

数学、物理、化学。教材内容较浅，又没有良好的实验设备和药品，教师讲课基本上是照本宣科。

农业课分为农业、林业、畜产等内容，教材很不先进、不系统，原始的内容多，如《农业泛论》讲的全是过时的耕作方法和耕作制度。虽然属于农业国高，讲的农业并不先进。

农业课本原来是汉文的，后来改为课本的每一页的上半部分是汉文（当时称满文），下半部分是日文。到光复前，课本一律改为日文的，有个叫福田的日本教员，教三年级作物课，他不懂汉语，上课时就让学生把汉文先翻译成日文，学生故意给他难堪，他把全班的学生挨个叫起来，都说不会翻，福田毫无办法。因为我是这个班的班主任，他就找我，让我和学生讲，就说他的业务水平并不低，就是汉语不如学生，希望学生帮他翻译。我无奈，就找于观海、王秉禄两个学生帮他把绪论翻译过来了。这位福田就把这篇绪论翻来覆去地讲了一个学期。

从1941年起，开设军训课，由伪满现役军人担任教官，一般是尉官助手一名。军训课的目的是为日本帝国主义培养盲目服从的顺民，并准备补充兵员，为其充当炮灰。开始每周两节，随着战争形势的变化，军训时数逐步增多，有时连续搞一个多月。军训课的内容完全和日本军队的训练科目一样，采取法西斯的训练方法，教官对学生要求非常严苛，最典型的是姚荣泰（陆军上尉），他完全继承了法西斯军人那一套。为了向上爬，对军训非常卖命，是忠实的走狗。每逢他上军训课都要由组长（即班长）用日本话喊"教官殿敬礼"（译为：向教官先生敬礼）的口令。这个"殿"字，在日本的习惯里，是对相当高一级的人的敬称。学生还没接触过这个词，不会喊或是喊错了都要挨打。每当他上课都拎个板子，手指着板子训话："看见了没有，我就用这板子要成绩！"喊了立正之后，就到学生身后踢小腿，如果踢弯了，就说没用力站，随手就用板子打。有时到学生面前伸手要枪，学生不知怎么回事，就把枪交给了他，这时又要挨打，理由是武器不论什么时候都不能交给别人。这些事都不是先讲，而是打完了再讲。他上课，有时全班同学都挨打。

1941年秋，上面要来检阅。为了应付这次检阅，全校停课一个多月，体育教师也协助训练，除了队列训练之外，还有匍匐前进，利用地形地物进行战术训练，还搞野外军事演习，和日本侵略军的正规部队一样。搞野外军事演习时，姚荣泰身体太胖走不动，就骑马指挥。自1941年以后，这种军训年年有，每年1至2个月。姚任军训教官期间，有3次上级官员到校检阅。第1次是第三军管区司令王之佑（中将军衔）来检阅，对姚的训练颇为满意，还题了"学贵有恒"4个字，挂在校长室里。第2次是第八军管区司令吕恒（中将军衔）。第3次是伪北安省长李叔平。经过这几次检阅，他们认为姚确实和其他中国教官不同，是个实行法西斯统治的人才，得到了主子的赏识，将他调回部队，由上尉晋升为少校。

历史课程主要讲"满洲史"和日本史。所谓"满洲史"，是他们胡编的，将女真族历史单列出来，目的是不让青年学生懂得中国历史。日本史也是夸大其词，渲染吹嘘日本大和民族如何优秀。说"满洲国"是在"天照大神"的神光保护下建立的，是日本的一部分，根本不让学生知道中国历史。

地理主要讲"满洲国"的，就是东北三省的地理，并细讲日本国的地理。把日本分若干个区域详细讲，目的是宣扬日本是世界上强大的国家。

农业实习是"务实教育"的主要内容。名曰农业实习，实际是变相劳动。学校有农田20余垧，从种到收全是学生劳动。劳动工具是原始的，不讲农业技术，只是干活。

农田劳动由日本教官加藤负责，他说什么时间用人，教务处就随时调动学生，有时上了半堂课也要停课，这类劳动一年二至三个月，缩短了授课时间，各科连一少半课也讲不完，星期日安排劳动不休息，所以，加藤有句口头语，把一个星期的日月火水木金土说成是"月月火水木金金"，没有"土"和"日"，即没有星期六（土）的半日休息和星期天（日）的休息。

从1942年起，"勤劳奉仕"成为教学内容的一部分。其形式有两种。一种是临时性任务，如：修飞机场的"格纳库"（飞机堡）；修日本守备队的弹药库；给"兴农合作社"、农科所、日本私人农场筛小麦、选种、割玉米、起土豆、起牛蒡（日本人爱吃的蔬菜）等。另一种是集中时间修筑工程。如1943年春天给四方台"烟草株式会社"挖水田修大坝（这座大坝即现在的四方台水田主干渠），学生赤脚站在冰碴上挖土，修两个多月才完工。又如1944年修绥望公路，住在野外，搭个临时窝棚，夜间狼嚎蚊子咬，狼有时竟冲进窝棚吃学生的剩饭。野外施工吃不到盐，有时也吃不上饭，加之潮湿，很多学生患了皮肤病、胃病。由于日本人把学生当成苦力，激起中国教师和学生的强烈不满，日本人来了就干点，走了就不干。还采取破坏工具的方法进行反抗，他们把两个土篮都装满满的土，使个寸劲一挑，扁担就断了，将铁锹使劲挖到土里，用力一别就折了，有时一天破坏工具无数。

日本侵略者对中国学生进行奴化教育，不仅在课堂上、课本里宣扬"天照大神""日满同神""日满亲邦""父子之帮"，而且贯穿在日常生活中。每天早晨上班后都要举行教师朝会，由教务主任主持，全体教师排成两行，按方向先面向日本东京的"天皇"的"皇宫"，再向伪新京——长春的"皇宫"及"建国神社"遥拜（致最高敬礼，弯腰90度）。然后用日语齐读"国民训"，不会日语的就跟着像念咒语一样，叽里呱啦地念下去，谁也听不清念些什么。中国教师把这种例行公事视为儿戏，根本不当成一回事，只不过应付罢了。

教师举行朝会时，学生就要在操场上集合，教师朝会结束，一同参加全校的朝会，学生按年组排队，校长登台听完各班学生组长报告人数后，由体育教师喊口令，分别面向"天皇的皇宫"和"伪皇宫""建国神社"遥拜，用日语背诵"国民训"，唱伪"国歌"，校长讲话，宣扬一番"大东亚圣战"的"战果"，然后排队进教室。

　　1942年太平洋战争爆发后，还要在朝会上祈祷三分钟的日本皇军必胜。师生在祈祷三分钟的日本皇军必胜。其实，究竟师生在祈祷什么，很难说了。

　　周会除了例行朝会的内容外，要由校长亲自宣读《回銮训民诏书》，灌输所谓的"日满亲善，一心一意"。

　　1942年太平洋战争爆发后，每月8日定为"诏书奉戴日"。这一天，全城各学校师生都要在东门外"神社"（地址在现在的制粉厂）集合，由县长或副县长宣读"时局诏书"。后来这个规定改在学校举行，校长必须穿"协和服"戴"协和礼帽"，佩绶带，戴白手套，由穿戴与校长相同的教师双手过顶捧出"时局诏书"（这个差事由有资格的教师轮流执行）校长在台上向"诏书"敬礼，接过开读，念后致敬礼，再交给捧来诏书的人，送回校长室的"神龛"里，接着校长讲话，照例宣扬一番"日满亲善""大东亚圣战"等鬼话。

　　学校要求学生在言行中，必须崇拜日本天皇和伪满皇帝，赞扬"日满亲善"，会背"即位诏书""回銮训民诏书""时局诏书""国民训"。

　　每年的春秋两季都要举行"祭神社"仪式，由日本和尚念咒语，超度战死的日本侵略者的亡灵等。

　　每年都举行"天长节"（日本天皇的生日）、"万寿节"（傀儡皇帝溥仪的生日）、"建国节"（伪满建国日）的庆祝仪式，也是读一通诏书，给学生灌输一番"五族协和"（满、汉、蒙、回、藏）、"王道乐土"、"大东亚圣战"必胜的思想。

　　为了诱惑学生学日语，在校内进行日语考试，合格的分别定为"一、二、三等"翻译的资格（三等就可以进行一般会话）。用佩戴臂章的方式作为等级的标志，一等三道杠，二等二道杠，三等一道杠。还强迫学生用日语读"国民训"、"回鋬训民诏书"、唱"国歌"、"校歌"以及一些颂扬圣战的歌曲，如果不用日语就要遭到毒打。规定朝鲜族学生，只能说日语和"满语"，不许说本民族语言，太平洋战争爆发后，日本下令所有朝鲜族学生必须改为日本姓名，要和日本人一样服兵役，很多学生改名时痛哭流涕，为了不忘祖先，他们改名时采取了在原名上加字的方法，如张奉秀改成张本奉秀，金正道改成金本正道。

"国高"极力推行"阶级"绝对服从的军国主义的法西斯教育。学生必须无条件地服从教师，稍一不慎，就要受到惩罚，轻则责骂，重则挨打。在学生之间级别更为森严，高年级学生可以依任何借口打骂下级学生，不准下级学生反抗。年级的标志是别在领口上的Ⅰ、Ⅱ、Ⅲ、Ⅳ代表四个年级，学生之间互相见面，只要从标志上看出自己是下级生，就必须主动敬礼。因为字形小，很难辨认，下级生一时马虎，未给上级生敬礼，就要挨打，这也是培养驯服工具的手段之一。

伪满时期，日本侵略者由于在战争中节节失败，物资越来越缺乏，对中国的经济掠夺逐步加紧，中国人民不准吃大米、白面。如果被发现吃大米、吃白面，就要以"国事犯""经济犯"的罪名被逮捕。日本侵略者的压迫统治，引起越来越多的中国人民的愤慨，不甘当亡国奴的中国人，不断地觉悟起来进行反抗。中国教师利用上课、谈话等方式，常向学生讲中华民族的历史，传播抗日战场上的新闻。教师的言行引起了警察特务的注意。有一次宪兵队以反满抗日的罪名把王绍业和许德珩老师抓走了。王绍业经亲友的多方奔走，总算活着出来了，身体受到了严重摧残。许德珩则一去未还。自此中国教师在精神上受到了很大刺激。很多教师提心吊胆地工作，但在这种情况下，我们并没有放弃斗争，虽然没有组织，没有领导，但是我们觉得中国人民不能长期受他们的奴役，只要活一天，就给学生讲点中国的事。为了慎重，在讲课时采取婉转的方式透露一些抗日内容。例如学生问老师"苏联是什么性质的国家？社会制度好不好？"我们就说："什么国家不清楚，但苏联人民很拥护，工业也很发达……"这样暗示学生就明白了。有时我们把消息暗地传给可靠的学生，在课堂上则什么也不讲。

随着形势的变化，特务密探对学校的监视越来越严，有时他们在老师下班后带着手枪到学校翻箱倒柜地搜查。有个王老师曾对我说："我每天早晨上班，都嘱咐家里，晚上不回来，就不要等我了。"意思是说被捕了。

宪兵队的特务为了严密地监视中国教师，把工友张桂林叫到宪兵队，让他给密探当"腿子"。那时我独身住在学校，下班后，他找我商量怎么办，他说："我是中国人，不能昧良心。不愿意干，打算不去。"我说："你当也有好处，听到什么不利的消息可以早点告诉我们。"这样他当上了密探的"腿子"，从此每星期都去一次宪兵队，回来都详细地说些情况。有一次回来立即找我，他说："宪兵队很注意老丁头（丁春海老师），你告诉他多加小心，下班后哪也别去，监视很严，夜间他家的前后有好几个宪补（中国人在宪兵队当走狗称宪补，候补宪兵的意思，中国人只能是宪补，永远补不上宪兵）站岗。"我立即告诉丁老师，他知道这个情况后谨慎起来了，宪补监视3个多月，没捞到什么就撤了。

宪兵队每次找张桂林都问校内的反满抗日情况。他都说没有，宪兵队在他身上捞不到什么油水，就把他撤了，又在学校附近的地主家找了一个"腿子"。张桂林告诉我说，这回把张某某拉去当腿子，你们要小心点。

1945年8月15日之前，连续降了40多天雨，8月15日这天突然放晴。这天早晨从"新京放送局"（广播电台）发出预告："今天午间有重要新闻，请注意收听。"反复播了几遍。我们教师都纷纷讨论，猜测是什么内容，午间人们都在家里收听广播。原来是日本天皇无条件投降的诏书。这个惊人的消息一下子振奋了中国教师，久受压抑的心头吐出了塞满胸腔的闷气。下午上班时我们都喜气洋洋，扬眉吐气，说话的声音都比以前高了；日本教师则个个垂头丧气，有的眼睛都哭肿了。校长深城真义又把在校的学生召集到操场，讲了几句话，大意是：8年的中日战争，我们失败了，你们胜利了，战争从此结束了。讲完话一改往日的傲慢姿态，恭恭敬敬地给中国教师和学生行了一个礼，懊丧地走了。伪"绥化国民高等学校"，也随着日本帝国主义的投降而结束。

（本文有删节）

目睹日寇杀人放火

孙俊阳

人的童年不都是金色的。我那并非金色的凄苦童年是在日本帝国主义侵占我国的大好河山，并在东北三省建立伪满傀儡王朝时期度过的。那时在我幼小的心灵上打下不可磨灭的烙印是，日本侵略者对我的故乡津河镇东的孙豆腐坊屯，进行烧杀抢掠惨无人道的法西斯罪行，那是我亲眼见的一件事。

在1932年夏天的一个中午，我们一群小孩正在屯子里玩耍。忽然听到屯子北边公路上，有"呜呜"行驶的汽车响声。我们好奇地跑到屯子后边张望。这时，从北边跑过来一个老年人，厉声地对我们说："快往家跑，日本兵来了！"我们呼啦一下子都跑开了，消息顿时传遍全屯。青壮年男女都跑到山上藏了起来，屯里只剩下老人和几个小孩。我和爷爷躲在屋子里趴在窗户上向外看。这时日兵把汽车停在公路上，排着队荷着枪进了屯子。日本兵把太阳旗插在草垛上，把大枪支在一起，然后三五成群地席地坐下。由翻译到各家院庭里喊叫，让屋子里的人都出来。我和爷爷与另外几个老人不得不从屋里走出来。翻译让他们上井沿打水、找盆子，说是皇军要洗脸。还让他们回家取鸡蛋、黄烟。老人们不敢不从，就取来了，日本兵见到鸡蛋就生喝，拿到黄烟就用纸卷上大口大口地吸，然后吃饭。还没等日本兵吃完饭，屯子东边突然"啪啪"连响两枪，正在日本兵们愣神的时候，一个顺着嘴角淌血的日本兵跑到军官面前报告，边说边用手往东边比画。日本军官怪叫一声，日本兵停止吃饭操起枪，分成东、南两路跑步前进。不一会儿，就听枪声从东、南方向不断响起，紧接着东边的大德堂屯和南边的王家窝堡屯冒出浓烟起了大火！太阳偏西了，日本兵纷纷回来，又排成队伍奔向公路坐上汽车往庆安县方向开去。日本兵走了，人们才纷纷从山上回来。这时听说我大姐家的房子被日本兵给放火烧了。我和家里的人一同跑到王家窝堡，刚进屯子就听到许多人号啕大哭的声音。原来是五位老人被日本兵用刺刀挑死了，停尸在大门外。有上百间的民房被日本兵给放火烧成灰烬。我大姐一家人呆呆地看着被火烧了的房子。日本兵又在大德堂屯用同样手段杀死四位老人，烧掉几十间民房。

　　直到第二天早晨才听到确切消息，原来是大德堂屯的赵木匠在东边的柳条通割条子，被日本哨兵发现。那个日本兵让赵木匠放下镰刀举起手来。当日本兵伸手摸他衣兜时，赵木匠抽冷子一个大嘴巴，把日本兵打个趔趄，他趁机撒腿跑进条通，等日本兵反应过来向赵木匠的身影连打两枪，就跑回来报告。这场流血事件就这样发生了。

我所见到的日寇罪行

刘长民

日本侵略者侵占我国东北时，我14岁，我家住在绥化县四方台镇。伪满14年，中国人民在政治上受压迫，经济上受剥削，挣扎在死亡线上，吃尽了苦头。当时有几件事，而今还历历在目。

在四方台镇，有一个叫福田的日本官，只带领几个日本兵，就统治了整个四方台镇管辖的范围，掌握着各方面的大权，为所欲为。他们随便抓人，罪名不是什么政治犯、国事犯（吃大米），就是经济犯（吃白面），简直没有中国人的活路。记得有一次他们把一名无辜的人抓去，竟无中生有地说是思想坏了，说和抗联有联系，于是用麻袋把人装上摔得死去活来。他们还用皮鞭抽、灌辣椒水等酷刑折磨中国人，受害者九死一生，而侥幸活下来的也是伤痕累累，肢伤体残。

日伪统治者随便抓劳工，被抓的都是穷苦大众，有钱人可以花钱雇。1942年的春天，我亲眼看到被抓的劳工约100人，从四方台乘火车，去黑河服苦役，听幸存者说，劳工有了病，就带着气埋掉，在日本人眼里死个中国人比死个小鸡还容易。

日本侵略者对有抗日思想的人，迫害得更为厉害。我表兄武秉权和我侄女的公爹盖洪福，都住在张维镇东姜家屯。1938年的冬天，他们用大车给抗联孙国栋的部队送粮食、油、盐，被日本人和汉奸发现而抓去，关押在哈尔滨监狱。盖洪福被残害死在狱中。武秉权关押多年，直到光复才出狱。武盖两家妻离子散，家破人亡。伪满期间，日本人把盖家屯划为"红军匪区"，盖家屯人员外出必须到伪警所挂条。来客须及时报告，不报者以"坏人"论处，全屯的百姓没一点人身自由，凡与抗联有来往的，都要抓去蹲监狱，家属和亲友也要受牵连。记得1938年冬天的一天，我四姑父（武秉权的父亲），到我家来串门，被一特务发现了，报告给了日本宪兵队，特务说我父亲刘志杰和武秉权是亲属，也一定和抗联有联系。宪兵队特务郑某，带着几个日本兵到我家来，柴火垛、土豆窖，仓房内外翻个遍，硬说我家藏了抗联，足足翻了一天，没有查出任何证据。但他们还不罢休，又把我父亲带到绥化日本宪兵队，审讯逼供，并动用各种刑罚，他挺刑拒不承认，日本兵没办法，让找出保人，方可放回。当时，全家都为我父亲的生命担心。后来，由四方台商务会串联各商号做的连环保，才把我父亲放了出来。回家后，也没有人身自由，特务监视得更紧，不准外出串门，隔三天两头找到伪警察署特务股训话，不准乱说乱动。同时，由汉奸伪屯长马克芳直接监视。特别是年关看管得更严了，家里老少提心吊胆，无一日安宁。

日寇实行"粮谷出荷"，警察、汉奸到处横行。1942年冬天，"粮谷出荷"很紧，警察、汉奸挨家挨户地翻粮，柴草堆、箱子柜子、仓房翻个到，有粮不交者，就定罪名，说什么"反满抗日"。四方台警察署杨警尉，外号叫"杨大棒子"，带人去农村催粮，把穷人家翻个底朝上，什么也没翻着，他穷凶极恶地把全屯人集合在一个院子里，然后他用大棒子挨个打，直打得哭声震天，跪地求饶。寒冬腊月不准戴帽子，有的耳朵都冻坏了，杨大棒子还让人把各家的烟囱堵上、灶门封上，不准生火做饭，一直到交出粮食为止。当时，我家也有不多粮食，怕日本人翻出来，大祸临头。就偷偷地把粮食藏在不烧火的炕洞子里，或睡觉的枕头里。"粮谷出荷"时，我在海伦读书，学生的生活特别苦，吃粮尤为紧张。我记得，我们住宿生有60多人，每天吃的都是土豆粥。用一口漏粉的大锅，添上一锅水，用些冻土豆子，放点小米，咕嘟一大锅稀粥。每人每顿两碗，肚子饿得非常难受，学生无心读书，只能在苦海中虚度时光。

　　以上是我经历过的几件事，每当我想起这些，怒从心头起，恨在胆边生。抗战胜利，人民重见天日。我感到莫大的慰藉，使我更加热爱祖国，热爱这来之不易的幸福生活。

第二节　张克明参加和领导的抗日斗争

　　张克明，1909年生于辽宁省建昌县，1919年随父母迁到绥化县四方台，后到呼兰县第一模范小学读书，1926年考入齐齐哈尔广宜中学，1927年因父亲去世，家境贫困而辍学。回到呼兰县，他受到同学张俊丰进步思想的影响，接受了新思想，开始走上了革命道路。1931年5月，他在呼兰组织了反帝大同盟，"九一八"事变后，在关云平（敬涛）和刘铁坚的介绍下加入中国共产党，曾任中共呼兰特支组织委员、特支书记。1933年，因身份暴露，他转移到哈尔滨，后来到巴彦一带组织抗日武装。1934年初，他担任满洲省委、共产国际远东局、苏联远东红旗军组建的军事情报组情报员，曾两次冒险越过中苏边境，向共产国际和苏联红军送情报。

一、智送情报

　　1935年初春，时任满洲省委长春军事情报组交通员的张克明，按照上级党组织命令，去苏联共产国际远东局和苏联远东边防军司令部送取情报。农历二月初的一天傍晚，一身买卖人打扮的张克明来到边陲小镇——绥芬河，以钱庄经纪人的身份在镇外的埠宁屯住下，准备第二天过境去苏联远东。不料，刚刚住下危险就发生了。一阵急促的敲门声将张克明惊醒，接着一伙全副武装的伪警察凶神恶煞般地闯进店来，逐人搜查盘问。

态度冷静而沉着、语气平和而舒缓的张克明用早已编好的名字和事因回答警察的盘查。伪警察在没有盘问出任何可疑的迹象后，便吆喝道："不用你撑得硬，快把良民证拿出来"。张克明略带歉意地说："看我这记性，差点闹成大误会！"接着，将包袱里装有情报的《唐宋诗词》《古文观止》和钱铺账簿等全部倒出来，然后，伸手在什物中捡出一个黄皮硬壳小本，举到警察面前。小本封面上真真切切地印着"良民证"3个乌黑的宋体字，翻开来，里面贴有本人照片，清清楚楚地写着本人姓名、年龄、职业等情况。

其实，这是张克明预先精心设计的一种掩人耳目的行动方案，以此转移视线，保护情报不被发现。

这时，一位满口金牙的老警察，伸手抓起那几本书掂量了几下，"你既然是钱铺里的人，为什么不专于本行本业，却行不离诗文，想必是有什么图谋吧！"

张克明心里十分明白，如果继续与他们据理相争很容易产生不好的效果，一旦带有情报的古书被敌人弄到手，虽然是用药水书写的字，但经化学处理后，秘密就将全部暴露。于是强装笑脸点头恭维，耐心可拘地对那老东西解释："不瞒老兄您，小弟自幼喜好读书，可因家境贫困只念了两年私塾就辍学了。为养家糊口，才到钱铺找了差事，可又兴趣诗文，为解旅途之寂寞，便带了这些书，哪里有什么图谋之意。"接着借景生情摇头晃脑地吟诵了几句柳永，苏轼描写羁旅思乡、别情离绪的著名词句，极力表现出自己是一个无心政事，迂腐文化的样子。

老警察狞笑着说："钱铺掌柜怎么能把一个书呆子打发出来当外掌柜？又是到千里之外的边境！说实话，你到底是干什么的？"为尽快挣脱敌人的纠缠与刁难，张克明凭借在钱铺掌握的有关知识,从钱铺的产生、分布名称、规模、营业内容、个人钱铺与国家银行的关系,一直说到眼下钱铺生意的行情,开钱铺的难处,以及如何使钱铺得以生存发展的见地,说得头头是道,句句在行,俨然是个金融界的行家老手。末了,两手一摊:"而今人心不古,买卖难做,小弟远离家乡到此讨账难免遇到诸多磨难。俗话说,在家靠父母,在外靠朋友。如蒙各位老兄恩典关照,日后定然厚报不辞!"一翻有理有情的应对和借题发挥,总算应付了警察的第二次盘问。可就在这时,一个年轻的伪警察走进店来。

此时,张克明的心情紧张起来,原来这个年轻警察与他是同学,在校时颇有志同道合的理想。经过一瞬间的思想分析,张克明心里做了最坏的准备,决心以最大的努力和牺牲去争取最好的结果。

老警察一愣:"你们原来认识?""岂止是认识,还是心心相印的同窗好友,情同手足的拜把兄弟。只是我这位兄弟如今发达了,又正执行公务,我一个钱铺里的小柜腿子,实在不好攀结呀!"张克明说完用眼瞄了一下那人,只见年轻警察面带难色,沉思片刻,踌躇抑郁地表白道:"什么发达不发达,我不过是借着大树乘凉,谋个生计,岂能忘记过去?不过……今后这个地方还是不来为好啊!"两人一番简短的对话,使张克明心中有了数,指望他来帮忙是不可能了,但他起码不能马上暴露我以往的身世。为了尽快地脱离险境,张克明按照组织上事先的交代,向敌人放出了"撒手锏"。于是他突然板起面孔,正颜厉色地说道:"既然你们不肯相信,同学又不敢成全,那么,恕我只好有劳一个人的大驾了。"

张克明提出了在当地一个颇有声望与警政人物常有来往的爱国人士孙九爷的名字。伪警察们听后,大为震惊,赶紧露出卑恭的笑脸对张克明说："实在对不起，误会，误会，既是九爷那方面的人，怎不早说，请先生休息……"尔后，张克明经过辗转迂回和艰难的跋涉，终于绕开敌人的重重封锁，越过国境线，圆满地完成了传递情报的任务。

1935年秋，张克明因与党组织失去联系，按照军事情报组"三次接应不果，立即转移异地，切断一切联系"的规定，他从吉林省双辽县秘密转移到绥化县四方台欢喜岭屯。当时张克明到四方台主要是基于两点考虑：一是呼海铁路一线中共满洲省委比较重视，以便与党组织接上关系；二是党的工作和抗日斗争基础好，便于发动群众进行抗日斗争。因此，张克明在四方台潜伏的最初九年（1935年至1942年），以教书先生为掩护，一方面寻找党的组织，另一方面在教师、学生、铁路工人和农民中进行爱国抗日的宣传工作，为培养党员，成立抗日组织，发动群众进行抗日斗争，做了充分的思想和行动上的准备工作。

二、发动"平壕"斗争

1941年春，张克明发动了反对日本侵略者侵吞和圈占土地的平壕斗争。绥化县四方台西南的小河套一带土质肥沃，为日伪绥化开拓股所垂涎。日本侵略者派其走狗乘人之危，先买下了欢喜岭一个破产农民的河套地，并以引水灌地为借口，驱使朝鲜劳工和四方台附近的汉族农民近百人，在四方台南河套地由东向西破土挖壕。这条水壕计划挖十里长，壕成之后，十几家农民的土地将被圈占。此事引起当地农民的不满，性情刚烈的农民张珍首先出来干涉，与日本侵略者的走狗朝鲜族"大柜"评理，可是朝鲜族"大柜"态度蛮横，不予理睬。为了阻止这一侵略行径，张克明发动100多名农民一起进行平壕。朝鲜族"大柜"见势不妙，便找绥化县开拓股，开拓股给伪警察署打电话，要抓闹事的头人。张克明为使这次斗争取得胜利，便找到在绥化县城的爱国人士姜鹏博，通过律师工会的据理力争，使日本侵略者圈占土地的阴谋未能得逞。

三、秘密组织抗日"地下游击队"

1941年12月，太平洋战争爆发后，日本侵略者为加强北满的防御阵地和军事设施、兵营建设，频繁调兵遣将，并大肆掠夺物资。为了打击日本侵略者的罪恶行径，张克明趁此时机发展武装力量，在敌后开展武装骚扰式的游击战。为了开展工作，张克明设法接触了以前与中共党员张适合作并组织过抗日义勇军的爱国人士姜鹏博。通过互相沟通，他们很快成了志同道合的战友。在姜鹏博的介绍下，张克明逐步与一些中共地下党员取得联系。他们在铁路沿线的广大农村进行动员、组织和发展爱国的铁路工人和农民。他们先后发展了10名抗日骨干分子，又通过这些骨干分子在四方台、秦家、张维屯几个车站及附近农村吸收了几十名爱国青年。1942年初，在张克明的发动和领导下，秘密地组织了以张明仁为首的抗日救国会（亦称地下游击队），共20多人，并购买了5支手枪和子弹，姜鹏博把暗藏的武器也献了出来，使抗日救国会武装起来。

四、采取多种措施破坏日军铁路运输

1942年夏季，日本侵略军大量地向黑龙江沿岸运输兵力。当时日本侵略军对外称"关东军特别大演习"，其真正目的是日德勾结，企图开辟东西两线战场，夹击苏联的一次战略阴谋。因此，日本侵略者不断地向呼海铁路沿线的广大农村掠夺各种军用物资，并抓了大量的劳工给他们修筑工事。日本侵略者的这些罪恶行径，激起了广大工人和农民的愤慨。他们对日本侵略者的军

车、铁路不断地进行骚扰和破坏。抗日救国会为了配合工人、农民的斗争，在四方台以北的铁路线上，组织铁路工人进行了一次技术性的破坏。1942年9月，四方台救国会经多方侦察，研究制订了周密的颠覆军列的计划。他们把颠覆日军军列的地点设在四方台站以北到张维车站间的弯道处。当张明仁得知一列军车准备向北运行时，立即用电话通知抗日救国会会员张文治和孔宪春。张文治和孔宪春骑自行车迅速赶到弯道外将道钉拔掉，当日军列通过弯道时，列车的离心力将道轨推落，列车被颠覆，毁车厢20余节，铁路中断运输数十小时，有力地破坏了日本侵略者的军运计划，打击了敌人的嚣张气焰。除搞技术性的破坏外，抗日救国会还组织铁路沿线的装卸工人消极怠工运动，拖延日军列车的装卸时间，捣毁日军军列上的果菜、物品等，破坏和阻止日本侵略者的各项军事行动。

1942年冬，为了继续对日本侵略者的军事运输进行破坏，在张克明的领导下，四方台抗日救国会成立了以张明仁为组长，孔宪春、张文治为组员的"铁路三人行动小组"。这个小组的任务是联络铁路沿线各站的抗日救国会会员，对日军的军运搞专项破坏活动。他们利用冬季铁路沿线各车站生炉取暖的机会，采取口头送信的方法，联络各车站在不同的时间，从日军过往的车上拿出轴箱里起润滑作用的线油卷烧炉子。这样，不但给敌人造成很大损失，而且使车轴一缺润滑油，就会起火，列车就得误点进行大修，使日军军运计划不能正常进行。另外，还可以给被抓的劳工创造跳车逃跑的机会。抗日救国会在铁路沿线广大工人和农民的积极配合下，对日本侵略者进行了多方面的打击。1945年7月，为迎接抗战胜利的全面到来，抗日救国会的骨干30多人，携带枪支秘密集中到诺敏河沿岸的柳条通里，由各游击小组分别进行军事训练，等待时机攻占四方台伪警察署。这支武装力量一直活动到抗战胜利，并在后来的全国解放战争中起到了很大作用。

第三节　日本侵略者在张维屯抓的最后一批劳工

1945年7月份，滨北线上的张维屯伪区公所正在抓一批到中苏边境去的劳工，各村的保、甲长和各部门的伪职员，按照日本上司指派的名额和要求，在自己管辖的范围内物色劳工，并抓起来，押送到张维屯小学校。

张维屯火车站脚行指派3个名额。大把头任志忠、二把头赵老两，他俩暗地一商量，确定了康立忠、赵洪云、王用贤三人。那任志忠外号大烟鬼，为人最坏，因为康立忠骂过他，所以怀恨在心，正好择机报复，把他送进去。赵洪云、王用贤两人都说不清道不明，还不会给把头送礼，所以也被物色上了。这3个人都在30岁左右，身体很好。

脚行把头把他们三人抓起来送区公所，经日本人目测后，表示满意。当即就由日本兵押送到张维小学校。那时的张维小学是一排泥草房，在街东头儿。操场东边有几行杨树，除此之外，什么也没有。由于那年夏天雨特别大，草房泡塌了不少，因此，教室的地上湿漉漉的。康立忠他们三人手放在膝盖上，像犯人一样坐着，有一个日本侵略军士兵端着三八枪看着。他们三人被押进来后，日本兵就示意像屋里犯人那样坐下，不准说话，不准随便走动，大小便统一去，和犯人一样。脚行的工友给康立忠等三家送去了信，让家里给送饭。家里人送来饭，必须放下就走，不准说一句话。

过了几天，人数齐了（共50多人），车站甩下一节闷罐车。一天上午，日本兵端着枪把劳工赶上车，锁上车门，贴上封条。

劳工们都知道此去凶多吉少，纷纷流下眼泪。劳工家属闻讯赶到车站送行，妻儿老小只能远远地看着闷罐车，日本兵端着上了带刺刀的三八枪在车旁警戒，不准接近。车上车下哭声撕心裂肺，就像永别一般。火车开动时，亲人们就撵着火车跑。康立忠5岁的儿子康有太边撵火车边喊叫爸爸，说什么也不回家，此情此景令人目不忍睹。

这最后一批劳工，算是众多的劳工中的幸运者。这批劳工刚押走不几天，就传来了日本战败的消息。日本官兵和汉奸纷纷逃走（这些汉奸后来都受到了应有的惩罚）。据这批劳工回来说，他们到了一个车站，刚下车，日本侵略者就逃走了，劳工们一哄而散，昼夜兼程，各奔家乡。

这批劳工，由于日本侵略者垮台，抗战胜利，终于全回来了。真是不幸中的万幸啊！

第六章　建立人民政府和地方部队

1945年8月15日，日本帝国主义宣布无条件投降，东北全境解放。抗日战争胜利后，国民党反动派积极准备内战，与人民争夺抗战胜利果实。他们借助美军的帮助，调动大批军队抢占东北，阴谋发动反人民的战争。

党中央鉴于东北的重要战略地位，提出争取东北的战略任务，先后从全国各解放区抽调2万余名干部和13万大军陆续进入东北，与在东北的抗联部队和地下党相会合，发动群众，肃清敌伪残余，接管城市，建党建军建政，积极开展建立巩固的东北根据地的斗争。

在这种形势下，绥化县的斗争形势也异常严峻，地方反动势力活动猖獗。国民党派呼兰县李景华等3个接收大员到绥化活动。1945年8月23日，他们在绥化电影院召开大会，成立了国民党绥化县地方治安维持会。维持会的成员基本上是伪县公署及伪协和会的原班人马。会上推选汉奸豪绅常栋彝（外号"常八"）为会长，原伪县长汤铭新为副会长，维持会下设总务、治安、卫生、财政等各科，从政治、经济各方面控制了绥化县的大权。同时维持会还将伪满军警组织起来，成立了保安队，来保护维持会的统治，对人民的反抗进行镇压。接着，国民党又派柳国栋等反动头目来绥化成立了国民党绥化县党部。随后，他们还在永安、长发、津河、双河、秦家、张维等集镇建立了7处分部。这些人大部分是伪满官吏、地主豪绅，他们网罗党徒，到处煽风点火，大造舆论，为国民党歌功颂德，进行欺骗宣传。这些反动组织的猖獗活动，使一些知识分子和群众的思想比较混乱，当时绥化县的政治形势十分严峻，这就给中国共产党的干部进入绥化开展工作带来了相当大的难度。

第一节　抗联人员进驻绥化，中共绥化县工委成立

1945年8月27日，东北抗联人员孙志远、李海青等带领苏联红军一个营进驻绥化县城，维护社会治安。

李海青，1902年生于黑龙江省滨县，1936年6月参加东北抗日联军第七军，1939年加入中国共产党。曾历任战士、班长、排

中共绥化县委机关、西满军分区、三地委、专员公署
1947年至1949年办公地址

长、连长（整编后为东北抗日联军第二路军）。1942年去苏联。在苏联红军八十八旅任一营二连副排长，1945年8月随苏联红军进驻绥化县。

1945年9月2日，中共东北局党委会派遣东北抗联干部陈雷率小组乘飞机抵达北安。

陈雷，曾用名姜士光。1917年10月生于黑龙江省佳木斯，毕业于佳木斯市师范学校。1935年参加革命工作。1936年加入中国共产党。曾任中共佳木斯市委书记。1938年后历任东北抗联组织科长，北满抗联总司令部宣传科长，抗联三路军一大队政治部主任，东北抗日联军教导旅（亦称苏联远东红旗军独立 第88旅）党委秘书等职务。按照分工，陈雷进入绥化，他既是共产党派驻绥化的负责人，又兼任苏联红军驻绥化卫戍司令部副司令。

9月13日，陈雷、李敏从北安到达绥化县城，与先期到达绥化县的抗联人员孙志远、李海青会合，同时与1943年"巴木东事件"中被捕、抗战胜利后出狱的中共党员闫继哲取得了联系。随后建立了中共绥化县工作委员会，陈雷任工委书记，负责巴彦、木兰、通河、呼兰、铁力、庆安、望奎和绥化8个县的工作。

第二节　推翻日伪政权，建立绥化县民主政府

为了稳定政治形势，顺利开展绥化的工作，中共绥化县工作委员会以"红军之友社"（9月21日改为民众教育馆）的名义对外工作。绥化县工委成立后，把宣传教育群众、发展党的组织、培养训练地方干部作为主要工作。9月24日，陈雷代表县工委任命坚持隐蔽斗争的袁树华为中共绥化城区工委书记，张克明为中共四方台区工委书记。为培养地方干部，绥化县工委通过民众

教育馆举办干部培训班，到1945年11月共办3期，培养了90余名地方干部，并从这些干部中秘密发展20余名党员，扩大了党的队伍。为了宣传党的和平、民主的主张，绥化县工委派党员干部深入基层群众开展宣传工作，在学校、工厂中发动群众，扩大党的影响。绥化县工委为扫除敌伪势力，建立新政权，组织人员在苏联红军的配合下，查封了国民党绥化县党部，解散了绥化县地方维持会和保安队，并派人接收了电话局、电业局、教育局等要害部门。

11月13日，在广泛工作的基础上，陈雷和阎继哲（阎继哲，1912年生于黑龙江省巴彦县。1939年参加革命工作，任东北救亡总会东北地区情报员。1941年9月加入中国共产党。同年任东北抗日联军特派员，1943年2月25日不幸被捕入狱，1945年"八一五"光复后的第二天，从哈尔滨监狱被解救出来。）在绥化县"九江楼饭店"（后改称一饭店）主持召开了有99人参加的各界人民代表会议，选举阎继哲为绥化县民主政府县长，刘铮为政府秘书长，成立了绥化县民主政府。原绥化县地方维持会的财产均被绥化县民主政府没收。政府各部门开展了正常工作，学校上课，商店营业，工厂恢复生产。

第三节　关内干部抵达绥化，中共绥化中心县工委成立

1945年11月15日，根据东北局的指示，成立了中共黑龙江省工作委员会，绥化县归中共黑龙江省委领导。

1945年11月16日，中共黑龙江省工委在北安召开了干部会议。会议确定了根据地建设工作"先南后北"的战略方针，决

定在黑龙江省南部设绥化、海伦、北安3个中心县工委。11月中旬，上级党组织从关内派来蔡明、姚国民、杨毅夫、肖杰、车雪轩、朱维仁、陈化争、东征、刘克平、李光裕等一批党员干部。按照省工委的指示，在绥化县工委的基础上组建了中共绥化中心县工作委员会（也是中共绥化县工作委员会）。陈雷任书记，朱维仁任副书记，蔡明、姚国民、杨毅夫、陈化争、肖杰为委员，李光裕为组织部长，肖杰为民运部长。绥化中心县工委机关驻绥化县城，领导绥化、望奎、铁力、庆安等县的党组织。1946年6月绥化中心县工委撤销，恢复中共绥化县工委。

第四节　龙南军政干部学校的建立

绥化中心县工委建立后，为培养干部，于1945年12月，在民众教育馆的基础上，成立了龙南军政干部学校。蔡明任校长，陈雷任政委，朱维仁任副校长。经常做实际工作的是肖杰、车雪轩等。为了加强学校的工作，中心县工委从四方台区工委抽调10名党员到学校工作。从1945年12月到1946年6月，龙南军政干部学校共从庆安、望奎、绥化等地招收200余名学员，毕业后大部分分配到政府、军队、公安局和民运团工作，为党培养了一大批干部。

第五节　地方部队的建立

1945年9月13日，中共绥化县工委建立后，为稳定政治形势，顺利开展建政工作，立即抽调李海青等抗联干部和战士，组建了绥化人民自卫军第一大队。随后县工委又派李海青带领部队协助四方台区工委收缴了四方台伪警察署的枪支弹药，组建了绥化人民自卫军第二大队。同月，成立自卫军总部，郭海川任司令员，陈雷任政委。

1945年11月中旬，中共绥化中心县工委建立后，根据中共黑龙江省委关于以绥化为一等战略基点，成立支队的指示精神，将绥化人民自卫军改称黑龙江省军区第一支队（驻绥化）。1945年11月底，根据省军区指示，黑龙江省军区第一支队改称龙南纵队。蔡明任司令员，陈雷任政委，姚国民任副政委，杨毅夫任政治部主任。龙南纵队下设三个营：绥化县城为第一营，营长郭金甲；四方台为第二营，营长谷斌；永安为第三营，营长陈春。陈雷以苏联红军副司令员的身份，从苏联红军处要来两火车武器和弹药，装备了以铁路工人为骨干的龙南纵队。与此同时，龙南纵队还帮助绥化县各区收缴了地主的武装，建立了各区的武装中队。1946年1月，遵照省军区的指示，龙南纵队改编为黑龙江省人民自卫军警备第一旅。蔡明任旅长，陈雷任政委。

1946年2月，遵照省工委的决定，警备第一旅对部队进行了清洗和整顿。部队建立之初，在形势紧迫的情况下，收编了一部分伪军警，致使部队成分复杂，严重不纯。对此，警备第一旅决定对部队进行清洗。在清洗队伍中发现，混入一营一连的国民党先遣军分子企图枪杀旅部领导，然后进行哗变。警备第一旅决定以列队讲话"放下枪"的形式，逮捕了国民党先遣军的潜伏分子，同时把一些成分不纯的人清理了出去。之后，警备第一旅吸收了一大批工人农民，从而使警备第一旅得到了纯洁和巩固。

通过清洗、整顿、扩编和重新装备，警备第一旅的编制和装备为：旅直属队，约370人，编为炮兵连、骑兵连，装备有步兵炮2门，小山炮1门，轻机枪1挺，步枪140支；直属机枪连40人；

第一营约300人，编为一、二、三连，装备有轻机枪5挺，手炮3门，步枪240支；第二营约300人，编制为四、五、六连，装备有轻机枪5挺，手炮3门，步枪240支；第三营约300人，编制为七、八、九连，装备有轻机枪3挺，手炮2门，步枪240支；独立营约400人，编制为一、二、三连，装备有步枪300支。

地方部队的建立，对稳定绥化和其他各县的政治形势，对以后进行的剿匪斗争，都发挥了巨大的作用。

第七章 土地革命

1946年6月26日，国民党反动派在美帝国主义的支持下，悍然撕毁了"停战协定"，挑起了中国历史上空前规模的内战，仅在东北战场就调集40多万军队，疯狂地进抵松花江南岸，妄图占领全东北。

在东北解放区，中国共产党虽然进行了根据地的开创工作，但是由于时间紧迫、任务繁重，群众还没有真正发动起来，后方根据地建设还不够巩固，特别是在军事上，国民党军队从数量、装备、财力上都占优势，抢占四平后，又占领长春、吉林。而共产党领导的人民军队，在数量上、装备上都不如敌人，处于劣势，不得不实行大踏步退却的方针，东北解放区的形势十分严峻。

全面内战爆发后，绥化县的形势也十分严峻，被击溃的政治土匪与在反奸清算中被触动的地主、恶霸聚集在一起，扰乱地方治安，袭击区乡政府，杀害地方干部，大有卷土重来之势。致使一些群众对共产党能否打败国民党产生怀疑，给绥化县各项工作的开展带来了相当大的困难。

为了摆脱这种困难的局面，1946年6月，撤销中共绥化中心县工委，恢复中共绥化县工委。同时，根据上级指示精神，在城区、四方台区工委的基础上成立了宝山、长发、永安、蔡家、津河、秦家、张维、双河区工委。至此，全县10个区的工作委员会全部成立。县工委、区工委认真贯彻了东北局《关于形势和任务的决议》（1946年7月3日至11日，中共中央东北局在哈尔滨召开扩大会议，即"七七"决议），按照"要把发动农民、创建根据地摆到一切工作的第一位"和"走出城市，丢掉汽车，脱下皮鞋，换上农民衣服，不分文武，不分男女，不分资格，一切可能下乡的干部，统统到农村去"的指示，组织广大干部深入农村，广泛发动群众，开展土地改革运动。

第一节　发动清算分地斗争

1946年5月4日，中共中央发布《关于土地问题的指示》（即"五四"指示），中共中央决定改变抗日战争时期的土地改革政策，即由减租减息改为没收地主土地分给农民的政策。绥化县委（1946年8月根据上级指示将绥化县工委改称中国共产党绥化县委员会）于7月中旬又在民运团的基础上重新组织大批土改工作队（称民运工作团）深入乡村进行土地改革。从此，绥化县的中心工作由反奸清算斗争，转向清算分地的斗争。

绥化县清算分地斗争分三步进行：第一步是扎根串联，访贫问苦；第二步是在积极分子带动下，忆苦申冤，召开斗争大会向地主说理斗争；第三步是处理青苗、分配斗争果实。当时清算平分土地一般只按户分等，按人口平分。为了搞好这次改革运动，东北局把中共中央从延安派来的干部、从苏北新四军中调来的干部、东北局的干部组织到一起，组成了土改工作队，深入农村搞试点，进行调查研究，指导全面工作。9月，东北局土改工作队在陈建新的带领下，深入长发区贫苦农民中，发动土地改革运动。

绥化县土改工作队深入各区之后，在各区工委的配合下，深入农户，通过唠家常、谈心事、交朋友、学政治、开大会等形式，同贫苦农民建立了友谊和感情，在工作中培养了骨干，充实了土改工作队。在土改运动中，绥化县委在津河区取得了由点到面联合开展斗争的经验，推动了土改运动的深入开展。蔡家区也创造了"大清算、大斗争、土地还家"的经验，对斗争起到了推动作用。为指导运动的健康发展，绥化县委在1946年夏秋之间，总结了清算分地的经验，开始实施"分青苗"。绥化县委在"分青苗"运动中，认真贯彻了东北局在8月28日发出的《关于深入群众土地斗争的指示》精神，明确了开展土地斗争的方针、政策等问题。据统计，全县清算出土地1.25万垧，农户分得房屋18 227.5间，牛马3 730头（匹），大车1 375辆，还分得粮食钱款等。全县1 613户分得青苗，18.5万人人均分得青苗4.6亩。

在清算斗争中，绥化县农村各地建立农会190个，武装自卫队217个，并在农会和土改工作队员中秘密发展了一批党员，秘密建立了党的基层组织。这些都有力地推动了清算分地运动的开展。

绥化县经过清算分地斗争，有力地打击了地主封建势力，初步满足了广大农民的土地要求，开始把广大群众发动起来，为战胜国民党的进攻建立了可靠的后方，也为深入开展土地改革运动打下了基础。

第二节　开展"煮夹生饭"运动

正当土地改革运动在农村轰轰烈烈开展的时候，东北的局势发生了很大的变化。1946年末，国民党调动大批兵力向南满地区进攻，企图占领南满根据地后，再全力进攻北满。对此，党中央决定在松花江南北两岸开辟两个战场，迫使国民党军队两面作战，以减弱敌人的攻势，在运动中歼灭敌人的有生力量。为应付时局，加强工作效率，精减人员机构、充实下层，使组织更坚强，更能发挥力量，1946年10月，中共黑龙江省委决定，将绥化县划分为绥化、绥东两县，同时建立两县委。绥化县（驻地仍在绥化城）辖城区、宝山（刘海区撤销并入宝山区）、长发、永安（红五区撤销并入永安区）、蔡家区。姚国民仍任绥化县委书记。

绥东县（驻双河区）辖双河、津河、秦家、四方台、张维区。李光裕任绥东县委书记。1947年1月7日，东北行政委员会决定，将黑龙江、嫩江两省政府合并为黑龙江嫩江联合省政府。1947年3月28日，绥化、绥东划归西满分局三地委领导，并将三地委机关移驻绥化县城。1947年6月，根据黑嫩省政府106号训令，将绥化、绥东两县合并为绥化县。绥化、绥东两县委同时合并，陈化争任县委书记。

当时，绥化县的土地改革运动就是在这样一种组织机构的领导下进行的。1946年11月，中共中央东北局根据松江省部分地区土改的典型调查，发现许多地方的群众工作是处于半生不熟的状况，11月20日，东北局发出了《关于"半生不熟"问题的指示》，绥化县委按照中共黑龙江省委关于《夹生与决心》中提出改造"夹生饭"的具体要求，分析了土改中产生"夹生"的现象和原因，提出了消灭"夹生"的方法和措施。绥化县在省委和地委的领导下，从1946年12月开始到1947年7月，普遍开展了"煮夹生饭"运动。

绥化县委深刻检查出了全县在清算分地中产生"夹生饭"

的主要表现是：（1）基本群众发动的不够，个别地方地主的威风没有打倒。由于群众仍有"怕变天"的思想，造成明分暗不分或假分地的现象，甚至存在着地主反攻倒算的问题。如长发区大地主藏殿甲（伪保长）有土地700余晌，房屋百余间，清算斗争时，很多人不敢面对面斗争，甚至把白天分得的东西，晚上又偷着送回去。（2）没有形成真正的积极分子队伍。不少地方的农会和自卫队里混进了地主腿子、流氓、假积极分子等。有的农会甚至被坏人操纵。（3）果实没有真正分配到贫雇农手中。一些地方分地后没有确定地权，有些群众不知道自己的土地在哪里。据当时统计，绥化县"夹生"地区占40%。"夹生"问题产生的根本原因是土改刚开始，许多参加土改工作的同志没有经验，工作求快，出现大轰大嗡走过场的现象。

1947年2月，绥化县委根据西满分局一地委《关于"夹生饭"与决心的补充意见》，结合绥化县的具体情况，在下一步煮"夹生饭"运动中，提出：一是稳中求快；二是纠正一般化的领导，既要做深入细致的工作，又要培养干部；三是领导干部必须深入基层，创造典型，经常召开会议，研究工作中的经验教训；四是将大部分力量投入"夹生"区；五是对已透的地方留下强有力的干部进行巩固工作。县委书记陈化争、县长何克带领工作队分别深入长发区、蔡家区，抓改造"夹生区"、"煮夹生饭"的试点工作。经过20多天的试点，总结出真心实意地团结贫雇农、交心交底、培养积极分子、教育干部、整顿组织、斗倒"大树"、彻底改造"夹生饭"的经验，然后在绥化县农村各地推广。

绥化县"煮夹生饭"运动实质上是为了进一步把土改斗争深入下去，逐渐地消灭地主阶级，使基本群众真正获得斗争果实。在斗争中解决群众政治上的勇气、决心和经济上的生产热情，提高群众的觉悟，从而让群众自己动手来解决土地问题，彻底打垮恶霸地主及其走狗的反攻，锻炼、提高、改造、培养大批骨干积极分子。在这个基础上整顿农会组织，发展地方武装，彻底改造乡村政权。所以"煮夹生饭"运动不单纯是解决土地问题，而是发动群众，组织群众，使群众在政治上、经济上获得真正翻身的重要过程。当时各地提出了搞好"土改"、煮好"夹生饭"的标准，即："地到手，粮到口，人到屋，马到圈，枪换肩，地换照，能生产。""中农跟着走，富农不害怕，地主斗倒了。"

绥化县"煮夹生饭"运动按照上级的指示和要求，结合实际，大体上采取了"集中进行诉苦教育；清查地主黑地、黑牲畜；整顿组织，纯洁队伍；开展春耕生产四个步骤进行的。"煮夹生饭"运动从1946年12月开始到1947年7月结束。在"煮夹生饭"运动中，不仅仅是斗倒了地主，分了地主的土地和财产，更重要的成果是：第一，在广大农村基本上摧毁了封建势力。第二，确立了基本群众在农村的阶级优势，基层政权得到了巩固。第三，激发了农民的生产积极性。第四，农民的革命热情高涨。通过"煮夹生饭"运动，使广大农民的阶级觉悟得到很大提高，使他们坚定了跟共产党走的信念和勇气。

第三节　开展"砍挖"运动

"砍挖"运动又叫"砍大树（指地主恶霸）、挖财宝"运动，是煮"夹生饭"运动的继续和发展，是一次斗争大地主恶霸，深挖地主浮财的斗争。在改造"夹生饭"的运动中，广大农民虽然斗倒了地主的威风，分了地主的土地和牲畜，但是还有少数地主仍暗藏大量浮财，在经济上没有彻底被摧毁。而农民由于长期受封建剥削制度的束缚，家底很薄，虽然分得一些土地浮财，但是生产和生活上仍然有不少困难，特别是在春耕夏锄中，缺少马料、粮食、农锱等，在困难面前一些人立场产生了动摇，甚至不敢同地主彻底决裂。1947年7月27日，东北局发出《关于挖财宝的指示》，指示要求，在挖财宝运动中，必须解决土地问题，必须与煮"夹生饭"运动相结合，严防出现为挖掘财宝而挖财宝的偏向。同时规定，斗争对象主要是地主阶级，特别是大汉奸、大恶霸、大中地主以及为群众所痛恨的个别汉奸、特务、小地主和富农。据此，绥化县委根据上级指示，重新调整了土改工作团的力量，从1947年7月至10月，普遍开展了"砍挖"运动。再次深入发动群众，提高他们的觉悟，带领他们与地主阶级开展面对面的斗争，让地主交代罪行，交出地契，交出浮财，由乡村查封他们的全部财产并进行登记，最后经群众大会评议后予以没收。除起出金银上缴政府外，其余浮财按人口分给贫雇农。长发区的正黄二屯，在土改工作队的发动和指导下，经过近3个月的深挖斗争，挖出了整整装满3大间房的浮财。为了公平地把这些财物分到群众的手中，经过工作队研究和屯贫雇农讨论，决定成立果实分配委员会。委员会把全村农户划分为4类：军烈属、贫农、中农、富裕中农；把财产也分4类：金银首饰、衣服布匹、牲畜、农锱。公平作价，排队编号，发给群众，受到了广大农民群众的拥护。

在挖财宝的过程中，也出现一些问题。如1947年10月在长发区，砍挖斗争即将结束时，就出现了村、屯间互相抢挖财宝的现象。正黄一、正黄二、厢黄头屯的干部认为大沟屯一带的干部打不开情面，地主的浮财没有起净，于是，这几个屯的干部就发动近百名群众，坐着爬犁，打着红旗，浩浩荡荡地开进了大沟屯，高喊要斗地主、挖财宝。他们找到大沟屯的干部要他们把地主交出来，大沟屯的干部不交，认为自己屯的事不要别人插手。于是两村干部争吵起来，情况闹得十分紧张。区里得到消息后，立即同工作队一起赶到大沟屯，对双方进行了批评教育，并认真地指导"砍挖"运动，使大沟屯地主的浮财被起了出来，公平地分给了群众，几个村的群众都十分满意。在斗争地主、挖财宝的过程中，有个别农村干部，受地主的贿赂和"美人计"的引诱走了下坡路，激怒了群众被打死。如长发区藏家窝铺的孟照志就是一例。这个人是东北局"土改"工作队在地方选拔的第一个农村干部，是最先发展的中共党员之一，并被提拔为区工作队长。东北局土改工作队走后，孟照志声称有病，组织为了照顾他，就让他回藏家窝铺工作。结果他回到家就搬进大地主藏殿甲的房子里，把清算地主的贵重财宝搬到自己家中，有些金银首饰被他卖了换成大烟土，抽起"鸦片烟"。同时，他还给大地主藏殿甲的胞弟藏殿英开路条。这些情况区上掌握后派他的同乡周洪有教育规劝他，帮助他认识错误，重新回到革命队伍中来。不料周洪有推开他家大门时，孟照志以为周洪有奉命来抓他，竟举枪向他射击，幸亏是一发"臭弹"，使周洪有免遭一死。区上知道后将孟照志押到区上，在群众斗争大会上被激怒的群众打死。

　　像这样的事件和例子在当时还有一些，不过，总的来看，"砍挖"运动取得了巨大的成绩。这一运动不仅摧毁了几千年来封建地主阶级赖以生存的经济基础，解决了广大贫苦群众生产、生活上的困难，而且极大地动员和教育了广大农民，使他们坚定了跟共产党革命到底不回头的决心，使封建统治阶级的社会基础和经济基础发生了本质的变化。同时也促进了煮"夹生饭"运动的完成，从而为建立巩固的革命根据地打下了坚实的基础。

　　另外，从当时的客观因素看，在东北战场上，东北民主联军已经进入了全面大反攻阶段，同时，绥化县的剿匪斗争已经取得了决定性的胜利，群众怕"变天"的思想基本上得到了解决，再加上挖财宝切实解决了农民的实际困难，因此，进展迅猛，成绩较为显著。据当时统计，从1947年7月到10月，全县有185 000人分得了胜利果实，占全县农民总数的66.8%，其中分粮493.5万斤，衣服24万余件，布匹272 283尺，现金85 820余万元（东北流通券），房屋18 228间，牛马3 730头（匹），大车1 375辆。

绥化县"砍挖"运动的开展，进一步打击了地主阶级，挖出了大批金银财宝，摧毁了地主阶级封建经济基础，解决了广大贫苦群众生产、生活上的困难，使他们坚定了跟着共产党革命到底的决心。但是在"砍挖"运动中，一些地方由于领导上片面强调满足贫雇农的要求，过分追求挖浮财，出现了侵犯中农、工商业者的利益和打击面过宽的问题。这些"左"的偏差，后来在东北局和省委的指导下，迅速得到纠正。

第四节　贯彻《中国土地法大纲》

1947年7月至9月，中共中央工作委员会在河北省平山县西柏坡村召开了全国土地会议，制定了《中国土地法大纲》（简称《土地法大纲》），并于10月10日公布实行。

《土地法大纲》规定了"废除封建性及半封建性剥削的土地制度；实行耕者有其田的土地制度"，"乡村中一切地主的土地及公地，由乡村农会接收，连同乡村中其他一切土地，按乡村全部人口，不分男女老幼，统一平均分配，在土地数量上抽多补少，质量上抽肥补瘦，使全乡村人民均获得同等的土地，并归个人所有"。《土地法大纲》充分反映了广大农民的迫切愿望，因而，把农村的土地改革运动推向了新的阶段。

1947年11月，中共黑龙江省委在北安县组织各县从关内派来的干部进行集训，认真学习了《土地法大纲》，并传达了东北局10月份在哈尔滨召开的北满省委书记会议精神。绥化县委根据省委的安排，及时召开了有467人参加的全县土改工作队员及党员和区村干部大会，认真传达了全国土地会议精神。会后，在双河区搞了一个月的试点，然后，在全县推广了典型经验。在推广中强调反右倾、反地富思想，把政策交给群众，贯彻依靠贫雇农的路线，动员群众起来重新分地。分地分三步进行：第一，全县各级领导带领土改工作队深入农村，宣传土地法大纲，放手发动群众，彻底向群众交权交底，为群众撑腰做主，一切政策由农会说了算；第二，深入开展斗争，扩大斗争面，进一步挖浮财，起宝；第三，彻底分配斗争果实和土地。因此，在运动中出现了打击面过宽的偏差。

1947年12月，省委工作组来绥化县检查土地改革运动情况，对运动开展提出了一些意见，认为绥化县运动搞得不深、不透、不彻底，群众还没有被真正发动起来，干部队伍不纯。县委接受了检查组的意见，认为有些干部是运动的绊脚石，反右倾必须先从整顿队伍入手。于是根据省委的指示，开展了查阶级、查思想、查历史和整顿思想、整顿组织、整顿作风的审查干部运动。在"三查三整"运动中，对阶级阵线不清，包庇坏人；闹名誉、闹待遇、闹自由主义、小宗派；贪污腐化、蜕化堕落；不了解下情，饱食终日无所用心的官僚主义；不发挥集体领导作用，个人包办代替的家长制领导作风进行了严肃尖锐的批评。对一些混入革命队伍中的伪满反动官吏和地主恶霸进行了清洗。对丧失阶级立场，腐化堕落的干部进行了严肃处理。通过"三查三整"运动，纯洁了干部队伍，提高了土改工作队伍的战斗力，为平分土地运动做了组织上的准备。

经过宣传《土地法大纲》和进一步发动群众，绥化县农村掀起了挖浮财、起财宝、斗争地主封建势力的高潮。绥化县参加土改斗争的人数占贫雇农总数的80%以上，经过深入的土改斗争，使地主封建势力彻底被打垮，贫雇农在农村占了绝对优势。但是由于当时是在"反右倾""贫雇农说了算""放手就是政策""一切权力归农会"的口号下进行的，所以出现了"左"的偏差。一些地方对大中小地主不加任何区别，一律进行斗争，有些中农也遭到了斗争，被分了财产；一些地方打破了区村界限，进行"联合斗争""联合扫荡"。长发区的扫荡队伍还进城扫荡，查封商店，抢走商品，随意抓人，起"浮财"；津河区的扫荡队伍竟私立公堂，乱批、乱斗、乱打，破坏性极大。

1948年2月1日，中共中央东北局发出《关于平分土地运动中几个问题的指示》，要求把群众自发的行动引向自觉的、有组织的运动。指示规定了各级领导机关及干部在当前运动中应注意掌握的原则：基本群众（包括贫雇中农）内部团结一致对外；不侵犯中农的利益；保护城镇工商业者；不准农民进城去斗争。并针对平分土地运动中打击面过宽的偏差，提出必须对地主富农采取分化政策，缩小打击面，设法停止与防止乱打人、乱杀人的现象；引导群众迅速并及时地转入生产。绥化县委在认真学习《关于平分土地运动中几个问题的指示》过程中，针对在平分土地运动中出现的偏差，找出了运动发展不平衡的原因主要是县委在执行中共中央、东北局及省委关于平分土地运动中的指示有片面性，认为"放手就是政策"，由农民说了算，才能彻底消灭封建势力，对各种违反政策的行为，没有加以正确的引导或及时制止，在指导思想上犯了"左"倾主义的错误。并及时召开了县、区、村干部和土改工作队员、贫雇农积极分子会议，贯彻了县委的工作意见，认真学习《土地法大纲》。为了纠正"左"的错误，绥化县首先对在"挖财宝""大扫荡"和划阶级定成分当中错斗、错划阶级成分问题进行了逐村、逐户的调查，然后列出富农和中农的名单，并按政策立即把错划的成分改正过来。绥化县有380户地主改为富农，860多户富农改为中农，对错划或错斗的中农和城市工商业者，由各级领导干部、工作队员，主动向他们赔礼道歉。同时，对被斗、被分的中农和城市工商业者进行了经济补偿。这些"左"的偏差很快得到了纠正。

1948年春，为平分土地做准备，开始进行报号排队。报号就是从劳苦、剥削史、革命迹象等方面自报在本村屯中的位次。报号后，按雇农、贫农、中农成分依次进行排队抓号（当时称抢号）。抓号时不超过成分圈子，一般分成雇农、贫农、中农三个圈子，每个圈子内的人在一起抓。这样就形成了以"抓号"为主的思想站队和阶级站队，在抓号站队以后，进行平分土地。在分地当中，首先选举立场坚定，办事公道，贫雇农信任的分地代表与土改工作队和农会干部组成分地委员会，经过训练后，分别到各村屯进行分地。分地委员会以村屯为单位测量土地面积，按土地远近，好坏搭配，分成若干块。然后按照排号的先后依次逐户进行分配，排号在前的可以优先选择地块，并与群众见面，达到公平合理。地界确定后，分地委员会在地界处钉上界牌。对于地主、富农，按照"保证他们能生产、生活，并通过劳动把他们改造成自食其力的劳动者，适当分给少量土地"的规定，分给地主、富农一部分土地。

绥化县经过两年多的土地改革运动，到1948年4月，农村的2.5万农民在平分土地中，每人平均分得8亩土地。至此，农村的土地改革运动结束。

　　土地改革运动，彻底摧毁了几千年来封建地主阶级对广大农民的统治、压迫和剥削，实现了"耕者有其田"，真正从政治上、经济上得到了翻身解放。广大农民在中国共产党的领导下，生产积极性空前高涨，为建设巩固的后方根据地注入了新的生机与活力。

第八章　开展剿匪斗争

第一节　匪患四起无恶不作

抗战胜利后，国民党反动派为夺取抗战胜利果实，在美帝国主义的支持下，在调兵遣将抢占大城市的同时，国民党各派系还派遣大批党务、特务、军务人员潜伏到东北各地，打着国民党中央军的旗号，网罗伪军、警察、宪兵、特务和土匪，组建"先遣军""挺进军"，使一些抢劫财物的土匪也变成与共产党为敌的政治土匪，他们流窜各地，蚕食解放区，袭击武装部队，杀害地方干部和积极分子，抢劫民财，为非作歹，严重地危害了解放区的社会秩序和人民生命财产的安全，给刚刚建立起来的民主政权带来了严重的威胁。

日本投降后，国民党东北先遣军第五战区总指挥曹兴武任命伪庆安县行政科科长黄雨廷为第十三集团军混成第四师少将师长。黄雨廷等在绥化、庆安一带收罗敌伪残余、朝鲜散兵、地痞流氓等1 200余人，组成了国民党先遣军混成第四师。混成第四师下编4个团，伪森林警察大队长国长友、土匪于振泉、曹荣、闫景琪任团长。他们盘踞在绥化县东部，庆安县西部的龙船、石尹、隆太一带，不断骚扰绥化、庆安、望奎等地。他们不断采取分兵四袭的战术，对绥化各地进行偷袭。首先派出大尉李慌子、于阴弟、于阴伞率所部30余人，对绥化县的永安区、蔡家区、津河区、双河区进行袭击；接着派出大队长"老客"、副大队长"墨林"率所部30余人，在绥化、望奎、青冈之间进行骚扰；另外派出小队长李凤山率土匪10余人，在绥化县蔡家区一带进行偷袭。黄雨廷则率领土匪大部迁回于绥化、庆安、望奎、青冈等县，攻城夺池。他们到处烧、杀、抢、夺、荼毒人民。

1946年6月3日，流窜在青冈、兰西、望奎、绥化一带的匪首"老客"与"墨林"探知东北行政委员会领导林枫到绥化检查工作，派汽车去接望奎县的党政领导到绥化开会。于是"老客"与"墨林"带领40多名匪徒到呼兰河刘海船口（绥化至望奎交界的绥望大桥处）进行伏击。当望奎县长冯耕夫、县大队政治部主任胡再白、原哈市军分区政治部主任王秉衡等17人乘车行至距河口仅百余米处时，土匪的子弹如雨点般射来。冯耕夫等立即跳下汽车进行反击，经过1小时的激战，冯耕夫、胡再白、王秉衡、警卫战士赵真、王守义等7人壮烈牺牲。同车去绥化的林枫的父亲等2人负伤，匪徒抢走短枪13支、手榴弹2枚，东北流通券及衣物，掳走警卫员宫军及林枫的弟弟郑永昭、郑永烈3人后逃走。这就是当时轰动绥化的河口事件。接着秦家火车站附近的乡村被洗劫，津河区彦民乡政府被土匪袭击。因此，清剿土匪已成为根据地建设的重要任务。

第二节　迫在眉睫奋起剿匪

土匪的猖獗活动给刚刚解放的绥化根据地建设带来了严重的威胁，清剿土匪已成为根据地建设的重要任务。对此，党中央非常关注。1945年12月28日，毛泽东代表党中央给东北局的电报中强调指出："迅速在西满、东满、北满划分军区和军分区将军队划分为野战军和地方军。将正规军的相当部分，分散到各军分区去，从事发动群众，消灭土匪，建立政权，组织游击队、民兵和自卫军，以便稳固地方，配合野战军，粉碎国民党的进攻"。东北局按照中央的指示，将东北划为东满、南满、西满、北满四个大区，成立四大军区，并确定改编部队，肃清土匪和发动群众，为当时的三项任务。从1945年12月到1946年6月，绥化县的剿匪斗争主要是以大部队为主，各区中队配合，全力歼灭大股土匪，打开局面。其间，撤销绥化中心县工委（1946年6月），恢复绥化县工委。但绥化县剿匪斗争的任务不变，军事编制不变。

警备第一旅整编后，一是调动第一营摧毁了在绥化县城进行策反的"先遣军"和"挺进军"十八支队等反革命武装组织。二是调动第三营和望奎县大队追剿望奎、绥化、兰西三角地带的土匪，先后在望奎县的莲花镇，绥化县的孙老母猪屯、张维十七井子、永安区五道岗子等地共击溃土匪1 000余人。三是调动部队，对流窜在绥化、庆安两县边缘地带的土匪进行了清剿。

1946年初，惯匪闫景琪带267名土匪，流窜到绥化西的唐家洼子（绥化市连岗乡永合村）一带，骚扰百姓，奸污妇女，杀害干部和群众。这股土匪多数都是伪军警骨干人员，装备精良，战斗力强。他们白天化装后分散活动，夜间出来进行抢杀掠夺。

为稳定局势，安定民心，绥化警备一旅决定出兵消灭这股顽匪。一旅司令员蔡明命令三营营长陈春率队前往唐家洼子剿匪。陈春接到命令后对全营的兵力进行了重新调整，并进行了两天的军事演习。农历正月十五，陈春率233人的剿匪队伍，分乘9台胶轮大车，从四方台出发向唐家洼子前进。部队于当天晚上到达永安区半截塔村（绥化市永安镇复兴村）以东的村边隐蔽休息。第二天早六时与股匪展开战斗。由于战前准备充足，战士们个个英勇杀敌，仅15分钟就结束战斗，股匪大部被歼灭，匪首闫景琪被俘。

战斗结束后，部队将匪首交给永安区政府进行了公开惩治，群众对部队十分感谢，纷纷赶来送棉衣和黏豆包。

1946年4月，苏联红军结束了在中国东北地区的军事管制，撤离了绥化县和哈尔滨市。当时黑龙江省军区估计这两个地区的土匪可能乘机窜出骚扰黑龙江各地，制造混乱，命令绥化警备第一旅部署适当兵力，在东自庆安县的大罗镇，西至绥化县的永安镇一带向南警戒，堵击由哈尔滨市向北袭扰的股匪。警备第一旅按照省军区的部署很好地完成了战斗任务。

至此，绥化县境内的土匪基本被肃清，巩固了新生的民主政权，扭转了土匪猖獗的严重局面。但是，土匪多数是被大部队击散，残匪逃匿各地潜伏，企图乘机再起，绥化县剿匪斗争的任务还十分艰巨。

第三节　内战爆发匪患又起

内战爆发后，国民党军队疯狂地推进到第二松花江南岸，与共产党军队隔江对峙，并叫嚣进攻哈尔滨。在这种形势下，流窜、隐匿在绥化县境内的土匪又猖狂地活动起来。被斗、被分的地主、恶霸与土匪相互勾结，对农村大肆进行骚扰破坏，袭击新生的区、乡政府，危害共产党的干部和群众积极分子。绥化县各地匪患频繁发生。

1946年6月，匪首范传国纠集股匪40多人，在绥化火车站、津河区一带烧杀抢夺，无恶不作，危害极大。

9月，从庆安、绥化东部一带流窜到蔡家区、永安区一带的股匪（伪山林警察队残部）100余人，极为猖狂，在光天化日之下，打家劫舍，强奸妇女，袭击乡政府，四处窜扰。

10月，土匪头子"老客"接到永安区头道岗村（红旗乡红胜村）恶霸地主李洪清的密报，带领匪徒300余人袭击了农会，将正在开会的15名农村干部绑在马圈的桩子上进行毒打，并往农会干部嘴里塞牛粪。永安区正黄五村武装队长张继周就是在这次袭扰中被土匪残害的。

张继周，1921年出生于一个贫苦的农民家庭。1946年1月被土改工作队吸收为积极分子，在党的教育下，他的政治觉悟迅速提高，经党组织批准，同年加入中国共产党。他入党后，积极地投身于土改运动，工作积极主动，干事情认真负责，不久便被永安区委任命为正黄五村的武装队长。

1946年8月19日，永安区委决定调张继周和县委的两名土改工作人员带领18名武装民兵去头道岗村担任分地主浮财的保卫工作，由于当时的斗争形势十分严峻，妻子劝他留在家里避避风险，但张继周却坚定地说："没有国，哪有家；没有党，哪有我。我决心同广大贫苦农民一条心，斗倒地主把身翻；我要经得起党的考验，一定要出色地完成任务，必须去！"于是他毅然地离开妻儿老母，同两名土改工作队员带领18名武装民兵赶到头道岗去执行任务。

10月一天，正是头道岗土改工作队在大地主李洪清家的大院召开全村贫雇农参加分地主浮财大会。正当广大贫雇农兴高采烈地分胜利果实的时候，恶霸地主李洪清已经打发狗腿子给土匪头子"老客"（杨凤臣）送信。上午11时，放哨的武装民兵报告说，发现离这不远处有一股300余人的土匪向这里运动，面对这种情况，张继周沉着地从腰间拔出洋匣子，跳上院心的石头滚子上，大声地说："工作队的同志马上掩护群众从东大墙撤离大院，武装民兵跟我来，关上西大门并用盐袋子堵上，我们要坚决把这股土匪顶回去，听我指挥，上西炮台准备战斗！"

当时的敌我力量悬殊，土匪"老客"绺子依仗着人多势众，从四面八方包抄过来。张继周虽然只带十几名民兵，使用的又都是"腰别子"和土枪，但是，他仍然沉着勇敢地指挥战斗，打死打伤土匪数人，后终因寡不敌众，使土匪从小角门冲了进来。在这生死危急的关头，张继周完全置个人生死于度外，他一边进行还击，一边大喊，叫其他民兵从东边翻墙撤退，并向土匪高喊："我是武装队长，有种的向我这里射击！"吸引敌人，分散火力，掩护民兵们撤退。疯狂的土匪像野兽一般边射击边号叫着冲进院里，张继周和一些农会干部被捕。

土匪们将张继周等人捆绑在马圈桩子上，开始了对张继周的残酷拷打。他们先扒掉张继周的衣服，接着往他的嘴里抹稀马粪，并大骂不止。土匪"老客"一伙中有很多是附近屯子的逃亡地主和反动的伪警宪特，他们对共产党土改工作队、土改积极分子和广大贫雇农恨之入骨。尤其对张继周这样的人，阶级报复的手段更是凶狠毒辣。他们用马鞭子毒打，结果是越打张继周越骂；他们又用煮熟的猪肉片子包马粪硬往张继周的嘴里塞，并高叫："土包子为了你们的翻身，尝尝这一肉包蛋的滋味吧！"无论怎样折磨和毒打张继周一直没有屈服。土匪觉得不过瘾就把张继周押到头道岗南大坑边上的一座小庙旁进行毒打，逼张继周说出都分了哪些地主的地，土改工作队队员现在在哪里……此时的张继周已被土匪折磨得皮开肉绽，但他仍然对土匪大骂不止。土匪头子"老客"见状，觉得动硬的不行，便采取了软化手段，进行封官许愿。但是经过党的培养和革命斗争锻炼的张继周仍然大义凛然地对土匪高喊："你们那是白日做梦，你们的末日马上就要到了，我们的队伍会马上来消灭你们的。""老客"恼羞成怒，从一个土匪的手中取过尖刀，凶狠地从张继周的右腿上割下一块肉，然后又抹一把盐，这时，张继周疼得豆大汗珠直从脸上往下掉，但仍然骂不绝口地痛斥土匪。

此时的"老客"也气得浑身打战，他残害的手段又开始升级。他叫人找来两根扁担，把张继周的两只胳膊绑成了"一"字，把两条腿绑成个"人"字，仰面放倒在地上，再把张继周抬上房顶，从房上往下滚，让张继周翻身。此时的张继周已被摔得鼻口出血，昏死过去，土匪们就用凉水把张继周激醒，问他还闹不闹翻身了，刚强倔强的张继周瞪着双眼，断断续续地说："不⋯⋯死⋯⋯就⋯⋯翻身。"这时"老客"已气得脸色煞白，挥手对身边的一个小瘦猴子土匪说："小子，交给你了！"然后气急败坏地走了。

这瘦猴子土匪名叫典长富，外号"小黑手"，匪号"小兽医"，此人是反动透顶、心狠手毒的土匪刽子手，他残害人民的手段主要是用兽医刀割掉小便和睾丸，经他杀害的土改干部和农会干部达40多人。这次他用同样的手段将张继周残害，还觉得不够，又将张继周拴在马尾巴上，用"倒拖高粱茬"的惨无人道的手段将张继周活活拖死。张继周时年34岁。

当时的绥化警备一旅接到报告后，立即派骑兵前去剿匪，部队到达时，这伙土匪已经逃窜。乡亲们悲痛地围在张继周的遗体旁痛哭不止，要求部队为他们的亲人报仇雪恨。

三天后，绥化县委在张继周的家乡召开追悼大会，追认张继周为革命烈士，将张继周的遗体安葬在他的家乡小五屯的东南山上，并将小五屯改名为"继周屯"，将前小五屯东南边上的桥改名为"继周桥"。

张继周是中国共产党的好党员，是土改运动中不怕牺牲的先锋战士。

据不完全统计，全面内战期间，聚集流窜在绥化县农村的土匪有数十支，达五六百人之多。像土匪"老客"这支队伍是较大的一股。

第四节　协同作战歼灭股匪

在前方共产党的军队与国民党的军队隔江对峙，在后方土匪四起，骚扰破坏。在这样的形势下，为了保证土地改革的顺利进行和建立巩固的后方根据地，1946年6月9日，黑龙江省军区按照东北局的决定，发出剿匪命令，指出：绥化、庆安、铁力各部队联合进剿，以绥化为指挥中心。6月28日，中共黑龙江省委、省政府、省军区发出了"夏秋季剿匪"的指示，提出了剿匪的方针是：对栖匪及地主、胡子，以军队积极不断清剿与政治瓦解密切结合，沿山区各县区组织群众之联防。

绥化县在广泛清剿股匪的斗争中，按照上级的部署和指示，在县委的领导下，在动员各方力量保证军需供应的同时，抽调大批公安干警，全力配合黑龙江省军区警备第一旅，执行清剿绥化县境内土匪的任务。

在清剿股匪的作战中，绥化县军警、军民协同作战，取得了巨大胜利。

一、王清水屯解围战

1946年8月的一天，绥化警备一旅接到情报：某部骑兵连在追击敌人途中，被敌人甩掉，在王清水屯（秦家镇王清水屯）休息时被匪首王长君率领的120多人包围，土匪们还押20多名人人质。战斗进行了一个多小时，骑兵连的子弹全部打光，指导员下令上房，待天黑后突围。这时匪首王长君疯狂地吼叫："来第二个河口事件，叫中央看一看！"他还喊："坚持到天黑，捉一个，连升三级。"接到情报后，警备一旅派陈春率部队从四方台乘火车急速赶到。到了王清水屯附近，战士们跳下火车，在稻田地用人当枪架，架起机枪实施密集射击，然后猛烈地向敌群中冲击。土匪力不可支，从村东北角逃窜，剿匪部队乘胜直追，仅用40分钟就结束了战斗，解救了被包围的部队和人质，共击毙土匪10人，俘获10多人，缴获20多匹马和部分枪支弹药及日用品。

二、王成广屯偷袭战

1946年9月初，"老来好"一伙匪徒制造"河口事件"后，约有两排人的土匪窜至王成广屯一带（绥化市新华乡新安村）与剿匪部队对抗，战斗一天无果，土匪们便退进附近屯内，绑押了土改工作队员30多人作人质，并杀猪庆贺。这伙狡猾奸诈的土匪当场杀死4名人质，将其余的捆绑在大树上准备天黑乘船北逃。

9月14日，警备一旅召开会议，司令员蔡明命令大队长陈春率一个连和一个加强排围剿土匪。陈春向司令员立下军令状，表示不打败土匪，愿军法从处。陈春认真分析敌情后，决定以偷袭的方式拿下这伙土匪。剿匪部队在白天运动到王成广屯村附近的青纱帐里，3个排按左、右、中排列隐蔽待命，经过周密的部署后，战斗于9月15日11时30分打响。在3挺机枪的掩护下，全连12个小组从不同方向向王成广屯发起猛烈的冲击。土匪听到枪声后拼命地向屯北跑去。从王成广往北到处都是水泡子和树毛子，柳条通，再往北就是呼兰河。土匪在几经退却无路的情况下，依靠树毛子和柳条通与剿匪部队周旋，直到天黑才结束战斗。

在这次战斗中，大部分土匪被打死在水泡和树毛子中，枪支弹药扔掉在水中，土匪二当家的杜宗桥被活捉，活捉俘虏30

多人。

三、护路剿匪追击战

1946年10月上旬，警备一旅奉西满军区转黑龙江省军区命令，担负起西起田升（双丰火车站）东至鸡岭站间的肃清铁路南北两侧各20公里处的土匪清剿和保证绥佳铁路线畅通的护路剿匪任务。在护路剿匪中，统一由警备一旅指挥各县、区武装护路队。

警备一旅接到命令后决定由两个加强步兵连，顺铁路两侧机动，各县、区武装队原则上留在各县、区，统一行动依据敌情而定。步兵采取时而分散时而集中的形式开展护路剿匪。

10月20日下午3时，护路剿匪部队获悉，一股装备有手枪、步枪和马匹的30多人的股匪从庆安东南方向窜至绥化东的朝鲜屯（利民镇），进屯后便强迫群众杀猪、提供餐饮休息，待剿匪部队21日6时30分赶到时，这伙股匪放了几枪后逃窜，剿匪部队穷追不舍，于22日下午将这股土匪全部歼灭。10月25日下午5时30分，剿匪部队仅用1小时又歼灭了一股土匪，歼敌5人，缴步枪2支，马7匹。经过3个多月的各方积极配合，警备一旅胜利地完成了护路剿匪战斗任务，凯旋绥化。

这期间，警备一旅还对流窜在绥化、庆安一带专门对铁路、公路进行破坏的以匪首孙少诚为指挥的伪山林警察残部，进行了围歼清剿，共歼灭土匪100多人。

随后，绥化县公安干警积极配合警备一旅，又经过几个月的战斗，歼灭了逃窜在绥化城西、城南、长发、五道岗一带的小股土匪100余人。至此，绥化县境内的股匪被剿清，为土地改革运动的开展，创造了良好的社会环境。

警备一旅的剿匪斗争受到了当时任黑龙江省委书记王鹤寿的

称赞，他在1946年11月19日的剿匪工作报告中指出："在龙南，绥化收获较大。"龙南地委1946年11月12日认为："龙南五县的剿匪工作……绥化有显著成绩。"

第五节　开展政治攻势瓦解土匪

在对股匪进行军事打击的同时，绥化县各地还开展政治攻势，瓦解土匪武装。1946年秋，绥化县境内的股匪在剿匪部队的联合围剿下，随着国民党地下军头目纷纷被抓获，使政治土匪失去了靠山，已处于岌岌可危、走投无路的境地。针对这种情况，绥化县广泛发动群众、党政军民一齐向散匪发起政治瓦解的攻势。

政府广泛地宣传对土匪的安抚政策。党机关干部深入发动群众开展揭发检举运动，利用张贴布告，召开群众大会，动员土匪的亲属规劝其投降等方式，进行政治攻心。对捕获投降的土匪，采取了小头目一律不杀不押、安抚后主动缴枪、缴赃的还给予奖励，并宽大处理。这些措施的落实，稳定了一些土匪的思想情绪，防止了他们携枪外逃继续作恶。另外，还利用投降土匪规劝土匪投降的方法，提高他们的思想觉悟，戴罪立功。隐藏在绥化城内的"天兴"绺子的一个土匪头子李清林（绰号清林），经过多方面的工作后投降，政府不但没有逮捕他，而且还动员他戴罪立功。李清林在政策的感召下，交出隐藏起来的手枪，主动到农村各地对其他散匪进行劝降。在不到20天的时间里，他劝降了20多名土匪，收缴各种枪械71支，子弹1 000余发。

据不完全统计，1946年10月下旬至11月上旬，绥化县就收降土匪60余名，其中有"访友""吉星""长明""双林""三省""双武""金山""打一面""文明耍"等匪首。收缴长枪111支，短枪5支，子弹1 200余发，还有其他物品。

第六节　捉匪首挖匪根肃清残匪

1947年初，绥化县境内的股匪已被歼灭，一些散匪处于四面楚歌、惊恐不安之中。这时绥化县的剿匪斗争已进入肃清残匪，捉匪首，挖匪根阶段。经过半年多的军事围剿和政治瓦解，嚣张一时的土匪已经濒临灭亡，但是还没有达到根除的目的。

1947年1月，中共中央东北局制订了今后八项工作任务，其中重要任务之一就是"继续清剿土匪，开展除奸工作"。6月20日，中共西满分局三地委发出《关于除奸保卫工作的决定》，要求各县将秘密的调查工作与公开的挖匪根运动、坦白运动相结合，开展群众性的反奸工作，彻底肃清匪特，消灭土匪，巩固后方。

1947年6月以后，绥化县在清剿残匪的同时，按照党的政策，有条不紊地进行了挖匪运动。在全面发动群众的基础上，收集匪特材料，做到稳准，以防抓错和漏掉。在掌握材料后，进行逮捕。蔡家区在1个月内，就收缴枪30余支，津河区1个月逮捕匪首2人，城区1个月内抓获大匪首3人，起出短枪4支。

绥化县在挖匪根运动中，把捕获的匪徒集中到政府办的"感化院"进行教育，以期达到"献匪、献委任状、献赃"的目的。"感化院"主要对土匪进行思想教育，使他们改过自新。改造表现好的，可以回乡参加农业生产，群众监督劳动，对顽固不化、改造不好的，根据其罪行予以镇压。

到1947年年底，绥化县的剿匪斗争基本结束，两年多的剿匪斗争取得了决定性的胜利。据不完全统计，在两年多的时间里，绥化县境内共进行大小战斗40余次，消灭大股土匪10余股，消灭小股土匪20余股，击毙土匪1 000余人，俘获土匪300余人（其中大匪首8人），收缴长短枪767支，子弹1 869发，骡驴6头，牛50头，羊23只，胶皮车6台，大车2台，还有其他物品。

在剿匪斗争中，绥化县境内剿匪部队的广大指战员，英勇作战，不怕牺牲，许多战士献出了宝贵的生命。他们为后方根据地的开创和建设立下了不朽的功勋，他们的英名将永远镌刻在绥化的历史丰碑上，光耀万代。

剿匪斗争的胜利，粉碎了国民党反动派妄图通过外线武装侵夺、内线扶植派遣夺取东北的阴谋，对建设根据地具有十分重大的意义。

剿匪斗争的胜利，为进一步发动群众，进行土地改革扫清了道路，为创建巩固的东北根据地提供了重要条件。

剿匪斗争的胜利，解除了人民群众的苦难，使广大人民群众更加信赖共产党，使中国共产党和人民军队有了更加广泛的群众基础。

剿匪斗争的胜利，使地方武装得到了很好的锻炼，给解放战争前线准备了一支素质好、战斗力强的后备军，使前线部队有了充足的兵源。

第七节　反革命"兴国社"的覆灭

内战爆发后，经过两次大规模的反奸剿匪，一些公开活动在绥化一带的特务土匪大部分被消灭。但是，一些国民党操纵和指挥的内线"三青团""兴国社"等反革命组织仍在活动。他们四处搜集我党政军的情报，干扰和破坏新生政权的正常工作，反革命组织"兴国社"就是其中一个。

1945年"八一五"光复后，国民党军统局特务孟庆斌来绥化进行活动，他先后与绥化中学教员胡振铎、育英小学教员马龙超纠集到一起，准备成立反革命组织青年联合兴国社。后因绥化县反奸除霸、剿匪斗争的不断深入开展，使其反革命图谋没能实现，孟庆斌便逃离了绥化。他在逃离前将组织章程（草案）交给了胡振铎和马龙超，并声称以后回绥化时再研究实施，孟庆斌走后便音信皆无，马龙超于1946年9月去长春试图寻找孟庆斌与其特务机关接头，但都未成功。此时，黑龙江分部派遣反革命分子姜英蒲钻入龙南军政干校第二期训练班，与胡振铎接头。几经周折终于与胡振铎、马龙超接上关系，3人很快依照孟庆斌留下的反革命组织的章程（草案），成立了中国三民主义青年团绥化兴国社。

兴国社成立后，他们窥伺时机在政府机关内部和教育界发展成员，先后参加该组织的有税务局职员、小学教师等11人，并逐步形成了以胡振铎、姜英蒲、马龙超等为核心的领导机构，胡振铎任主任委员。这一时期，这个反革命组织已窃取绥化县党政军情报36件。

因而铲除这一反革命组织已成为绥化县当时的一件紧迫任务，公安机关在县委的领导指挥下，决定派侦察员刘斌打入这个反革命组织。刘斌经过主动细致的工作，终于接触到胡振铎，并逐渐取得了胡振铎的信任。为了尽快地摸清这个反革命组织的全部情况，刘斌利用公安机关已掌握的长春特务机关的情况，故意向胡振铎透露长春国民党地下力量的情况，而且说要来联系，建议胡振铎出面与来人接头，以便开展工作。胡振铎同意了刘斌的建议。1946年冬的一天晚上，公安机关一名侦察员化名张国栋与胡振铎见面。交谈中，张国栋又假意地介绍了长春的一些情况，使胡振铎更加信赖，但张国栋却一再表示是看在刘斌的面子上为他代联系，并表示要立即返回哈尔滨。7日后公安机关以"张国栋"名义用化学密写方法给刘斌寄来一封关于"胡先生事已在哈电告上峰，接获复要，要胡先生在绥化活动成绩与组织人员明细表，以便考核查究，转所属机关及时取得联系，指示工作事项，特此奉告，望所照办，顺侯文棋"的密信。

12月14日，化名为张国栋的侦察员接到胡振铎以密写方法汇报的"兴国社"的历史沿革，人员名册（当时有8人）的真实姓名、化名、职业、履历、现任职务等详细情况。公安机关达到侦察目的后，便指示"张国栋"函告胡振铎，"我已离哈，原材料不必寄来了"。和胡振铎脱钩之后，兴国社虽然没有与"上峰"接上关系，但胡振铎等对刘斌倍加信任，在调整组织时，刘斌竟成了兴国社老资格的核心人物，为公安机关彻底掌握了解兴国社的情况取得了主动权。

以胡振铎为首的一伙特务，在窃情报后，于1947年4月13日晚11时，派胡与他的妻子携带搜集的大量情报准备去长春寻找特务机关，被公安机关秘密捕获，而后将其他成员也都全部逮捕归案。至此，反革命组织兴国社彻底覆灭。

第九章 民主改革，清除陋习，整顿秩序

第一节 没收敌伪资财

1945年9月，中共绥化县工委建立后，百业待兴，急需大量的财政开支，特别是内战一触即发，军队所需开支占绥化县财政开支的80%以上。一时间，出现了物价波动不稳，军需民用物资严重不足的困难局面。

10月，中共绥化县工委根据东北局和黑龙江省工委的指示，成立了"敌伪财产清理委员会"，负责没收敌伪资财工作。11月，中共绥化中心县工委建立后，先后接管了日伪时期的东亚汽车公司、火磨、火锯、酒厂、油厂等，并没收了所有的敌伪财产，用于生产、军需和民用，初步缓解了绥化县财政紧张的状况。

第二节 反奸清算

绥化县工委和绥化中心县工委建立以后，在建党建政建军的同时，按照上级指示，发动和领导群众开展了反奸清算斗争。

在建立政权之初，党领导的反奸清算斗争是符合广大人民群众的愿望和要求的。反奸清算斗争是启发人民群众"由反日到反奸，由民族觉悟到阶级觉悟的必经道路"。在国共谈判没有完全破裂的情况下，把反对特务、汉奸、土匪同揭露和打击国民党反动派联系起来，引导人民认清国民党反动派发动内战的阴谋，也是非常必要的。

惩治汉奸工头王玉贵。中共绥化县工委遵照东北局关于"开展群众反对汉奸特务的运动"的指示，城区工委书记袁树华带领工人积极分子张守山等到工人中秘密串联，对工人进行反奸宣传，引导工人开展反奸除霸斗争。根据绥化县的实际情况，反奸清算斗争首先在城区和郊区开始，随后在农村展开，斗争的主要对象是大恶霸、大汉奸、大地主等。

为了以点带面，推动反奸清算斗争的深入开展，绥化县工委指示袁树华等首先在粉厂、制材厂、制酒厂、制油厂发动群众，组建工会组织，并通过工会提出了"增资"的口号，通过有组织的工人斗争，使工人的日工时由原来的14小时减少到8小时。接着绥化县工委在各工厂选调40多名出身好、表现积极、身体健康的青年成立了纠察队，走上街头维护社会秩序。与此同时，在城区居民和郊区农民中开展了清算斗争，开仓救济失业工人和无地农民5 300斤粮食。1945年11月初，绥化县工委在绥化火车站广场，组织召开了由3 000余名群众参加的清算斗争大会，处决了欺压工人的汉奸，绥化火车站脚行大把头王玉贵和德昌厚制米厂经理孟向阳，并将他们在日伪日期强占的1 200坰土地和房屋分给群众。

镇压汉奸特务庄庆恩。"九一八"事变爆发后，由于蒋介石的不抵抗政策，致使东北沦陷，绥化人民在日本侵略者的统治下过着辛酸痛苦的生活。日军侵占绥化之初，庄庆恩这个在绥化、庆安一带作恶多端的土匪，立即投入日本侵略者的怀抱。他认贼作父，无恶不作，很快就得到日本人的赏识。庄庆恩在绥化、庆安、铁力、巴彦、绥棱、海伦、望奎等县，一方面大肆搜集共产党的地下工作人员和各地抗日救国会会员的活动情况，另一方面为日本侵略者收缴枪支。由于他追剿屠杀抗日分子有功，被日本人赏了一个公开的职务——绥化警务科特务警尉。这样就使庄庆恩更加横行乡里，飞扬跋扈，肆意以"抗联人员""抗日救国会会员""思想犯"和私藏枪支等罪名，对百姓敲诈勒索，任意逮捕，滥杀无辜。据1945年末他被绥化县政府捕获后交代："我给日本人抓了10多年的人，抓多少我自己也说不清楚。"伪满期间，绥化一带的老百姓一般向人示诚时都起愿发誓地说："如我丧良心，出门就碰上庄庆恩。"可见庄庆恩罪恶之深。

绥化解放后，中共绥化中心县工委和县民主政府根据广大群众的愿望、要求及当时对敌斗争的需要，首先逮捕了罪大恶极的土匪汉奸庄庆恩。庄庆恩被捕后，潜伏在绥化城内的国民党分子"常八"一伙，利用在苏军当翻译的于长青的关系大肆活动，企图要民主政府放出庄庆恩。经过多次的据理相争和交涉，县民主政府拒绝和说服了苏军企图放出庄庆恩的意图。为了推动反奸除霸和说服苏军企图放出庄庆恩的意图，为了推动反奸除霸群众运动的开展，1946年1月，中共绥化中心县工委决定公开处决庄庆恩。

为了震慑敌人，稳定民心，巩固政权，处决前民主政府事先发出布告。处决的会场集聚了2 000多人。随着一声枪响，大汉奸、大特务、土匪头子庄庆恩结束了他罪恶的一生，顿时人群沸腾，掌声和欢呼声响彻云霄，久久回荡。

活捉维持会长、恶霸地主常栋彝。常栋彝，外号"常八"，日伪统治时期任伪绥化县矫正院长，为了维护日伪统治，他在绥化到处搜捕"政治犯""经济犯",抢占土地,搜刮民财,残杀无辜。日本投降后,他又勾结庆安县土匪头子于化鹏策划反革命活动,特别是国民党派接收大员来绥化县后,常栋彝极尽反革命之能事,到处纠集旧官吏、地主、土匪及一切日伪残余,成立了国民党绥化县治安维持会,并当了会长,公开与共产党对抗,罪大恶极,罄竹难书。这条祸根如不及时除掉,必然殃及百姓,威胁新政权。中共绥化中心县工委经过研究,决定除掉常栋彝。1945年末的一个晚上,绥化中心县工委召开紧急会议,会议决定由警备一旅副政委姚国民负责,派一营营长郭金甲带领两个班的战士摸到"常八"大院抓获"常八"。指战员利用夜查顺利地将这个罪大恶极的汉奸捉押到警备一旅司令部。经过认真审讯后,于1946年2月1日在绥化城南的娘娘庙处决了常栋彝,并向社会发了布告。这件事对绥化县和龙南地区的震动很大,广大群众无不拍手称快。由于事先没有告诉苏联驻绥红军,引起苏军将领的不满,经过沟通,也很快地平息了,从而掌握了反奸除霸工作的主动权。

处决日本特务于长青、于凤兰。从1945年9月到1946年2月,经过中共绥化县工委和中心县工委的工作,使日伪时期的一些汉奸特务、恶霸工头、地主豪绅基本得到了应有的惩治,反奸除霸的工作取得了显著的成果。但是,由于时间短促,情况复杂,特别是苏联红军中一些不纯分子带来的影响,使一些隐藏得很深、关系复杂的反动分子没有得到应有的惩处,日本特务于长青就是其中之一。日伪时期,于长青依靠其妹妹于凤兰给日本军官当姘头的关系,在日本宪兵队当上了特务。于家兄妹两人心狠手毒,作恶多端,忠心效日,民愤极大。"八一五"光复后,其兄妹两人又勾结军、警、宪、特,变本加厉,疯狂地进行反革命活动,死心塌地地为敌人效力,与人民为敌。

苏军进驻绥化后，于长青的妹妹于凤兰摇身一变，与苏联的一名上尉军官结了婚，其兄又给苏军当了翻译。他们利用这双重的关系，破坏共产党和苏联红军的关系，并与当时的国民党内外勾结，继续进行着反革命活动。抓到的汉奸、特务、恶霸、地主、国民党分子，于家兄妹就通过苏军司令部的人往出要，使得一些反党反人民的首恶分子一时逃出民主政府的法外。苏军撤离绥化时，这兄妹俩便随苏军去了哈尔滨，苏军回国后，他们又以侨民的身份取得苏联驻哈领事馆的保护权，匿居哈尔滨。

根据他们的一系列反革命罪行和广大群众的迫切要求，为彻底清除这两个罪大恶极的特务，巩固人民民主政权，建立坚实的后方根据地，中共绥化中心县工委于1946年5月1日决定，要千方百计地除掉这对祸根。并以东北军区除奸部队的名义派公安局的干部化装去哈尔滨将于家兄妹逮捕押回绥化拘留起来。1946年农历四月十八，绥化县民主政府召开了上千人的公审大会，在绥化南门外的娘娘庙处决了这对民族败类。

在城市开展反奸清算斗争的同时，农村各区工委发动群众从政治上揭露汉奸恶霸欺压人民群众的罪行，从经济上清算没收他们的财产。四方台区赖家屯在区工委的领导下，发动群众斗争处决了大恶霸地主杜福，振奋了民心。经过反奸清算，绥化县共斗争恶霸地主30人、日伪汉奸2人，处决罪大恶极者7人。把他们的财产和土地分给了农民。

反奸清算斗争的开展有力地打击了日伪残余势力和国民党反动派的社会基础，提高了广大工人、农民的政治地位，改善了生产、生活条件，扩大了党的影响，提高了党的威望，从而使广大人民群众更加坚定了跟着中国共产党走的决心。

第三节 减租减息

在日伪统治时期，地主和富农同日伪官僚勾结在一起，把绥化县70%以上的土地垄断在他们的手里。如永安镇南的鄂家烧锅大地主鄂兴洲，占有土地1 000余垧，还有窝棚2处（在外地耕种的休息处），烧锅3处，油坊2处，当铺1处。再如，大地主、大汉奸常荫恩，不但占有1 000多垧土地，而且在城内开工厂、商店。在大中地主兼并土地的情况下，很多农民沦为雇农，靠给地主务农、当长工维持生活。因此，地主、富农便采取出租土地、雇工、放高利贷等手段剥削无地或少地的农民。

地租主要有定租、活租、对半租三种形式。定租是地主把土地直接交给佃户耕种的租佃制，一般实行实物地租，不论收成好坏，佃户必须按定租交纳。定租一般每垧地交1.5斗到2斗粮食，租率大体占30%~50%。活租是土地所有者招户"耪青"，采取分益雇役形式。根据土地所有者向耪青户提供的土地、耕畜、种子、工具、住房条件优劣规定收获后分配产品的比例，一般为四六分成（农民得四成，地主得六成），或"倒四六"（亦称里青外冒烟，牛犋、籽种、马草料由农民出，地主不管饭）。对半租是耪青户出劳力，地主出土地、牛犋、籽种，收成各半。

雇工也叫扛活，是地主、富农剥削农民的直接手段。雇工的人数占农民总数的60%以上，地主采取付劳金、劳金带地、劳金带粮等形式进行剥削。劳金一般以钱或粮计算。雇工分为长工和短工。长工（长活）以年计算（11个月）。短工以月计算叫月工，以日计算叫日工，还有童工（半拉子）。

高利贷，即高额利息贷款。贫苦农民遇有天灾病害等无法生活，就得向地主、高利贷者借贷。其借贷形式基本上是两种，一种是贷钱，一种是贷粮。贷钱一般月息是5分到10分，有上打利（也叫现扣利），即在借钱时，先扣下第一个月利息，但必须按原本逐月付息，还有"驴打滚"（也叫利滚利），即借贷者到期还不上利息，将利折本。贷粮一般是春借1斗，秋还1.5斗，如果无粮而折钱还债时，粮价是春贵秋贱，即将粮食按春时的价格折价，按价付本息。

在这种种残酷的剥削形式下，广大农民没有立足之地，当牛做马，过着饥寒交迫的生活。绥化县的农民王有哥俩给地主扛活，一家四口，住的是露天马架子，没有一床被，晚上睡觉盖麻袋片和草帘子，穿的是更生布和带补丁的麻袋片，四口人只有一双掌子压掌子的破乌拉鞋，秋后只分到二三升米，只好夏天吃野菜，冬天用烂菜叶和冻土豆充饥。

日伪统治时期，广大贫苦农民除受地主、富农的盘剥外，还受敌伪的压迫剥削。日伪实行"并屯"，开拓团强占大量土地，大批农民被强制迁移到其他地区。1941年，日伪又实行低价强制收购的"粮谷出荷"制，每年的出荷量都在平年收获的40%以上。遇到荒年，出荷量也不减，农民辛苦一年，难以度日。农民还要出劳工去"勤劳奉仕"，如没有劳力，则要花钱雇人顶替，中途逃跑，抓住非死即伤，广大农民的生活处境十分悲惨。

封建的土地制度，是广大农民受剥削受压迫的社会基础，不改变这种不合理的封建制度，农民就很难摆脱贫困，根据地就很难巩固。因此，减租减息是废除地主阶级封建土地所有制的第一步。

1946年2月28日，中共绥化中心县工委召开了绥化县各界人民代表大会。会议认真学习贯彻了1945年11月19日中共中央东北局关于"反对增租增息，实行减租减息，合理解决土地纠纷，调整土地关系"的决定。1946年1月12日，中共黑龙江省委按照关于"必须切实解决广大农民最迫切的具体经济要求，例如马上分配开拓团的土地给无地和少地的农民，以及减租减息工作、安抚救济工作等"的指示精神。会议通过了中共绥化中心县工委关于"减租减息，反奸清算，没收财产分给穷苦农民和清剿土匪等问题的决议"会议之后，组成了以肖杰为团长的民运工作团。民运工作团下设6个分队，分赴城区、津河、双河、秦家、永安、四方台6个区开展发动群众工作。

1946年3月20日，中共中央东北局发出了《关于处理日伪土地的指示》，要求把"所有东北境内一切日伪地产的开拓地、满拓地以及日本人和大汉奸所有地，应立即无代价地分给无地和少地的农民所有，以利春耕，以增民食，并免至荒芜"。

为贯彻中共中央东北局的指示精神，中共绥化中心县工委立即召开了由民运工作团、各区委书记参加的紧急会议。会议认真总结了前阶段在反奸除霸、清算斗争中的做法和存在的问题，认为：前阶段的工作进行得不够平衡，点上很好，面上一般，不深不透的问题没有解决好。会议对下一步工作提出了具体意见：要进一步发动群众，减租减息，没收所有敌伪财产，解决无地、少地农民的土地问题。

会议后，中共绥化中心县工委分别从政府部门和学校抽调了一批干部、学生和教师，在原来民运工作团的基础上，组成了12个民运工作团，深入绥化县的12个区开展减租减息运动。运动大体经过三个阶段：深入农户访贫问苦，宣传党的减租减息政策，启发农民的阶级觉悟，使减租减息真正成为群众的自觉行动；组织发动农民揭发土地占有者、房主的重租重利的剥削罪行；执行政策，进行清算，将地租、房租和借贷利息减下来。绥化县通过"二五减租减息"（减租即为农民减交25%的租额，将过去的四六地租倒过来，改为二八分成，让佃户得八成，地主得二成；减息即借贷利息减半）等工作，使53 930户佃户减去租粮980万斤，平均每户减地租182斤。在减租减息的同时，绥化县民运工作团，还深入发动群众进行了深挖细查敌产运动。通过运动，将日伪时期官僚豪绅的开拓地、满拓地3 272.2垧分给无地、少地的农民。为恢复和发展生产，建立巩固的农村根据地创造了良好的条件。

第四节　改造伪职员

绥化县民主政府建立之初，百业待兴，干部匮乏问题十分严重。为了把新政权巩固好，把地方政权建设好，中共绥化中心县工委采取不同方式，进行改造伪职员和培训干部工作。

中共绥化中心县工委建立初期，针对基本群众没有得到充分发动，一时难以有更多的工农干部担负起政府各项工作任务的实际情况，对旧有的县政府下级职员进行政治教育，让他们"改换头脑"，通过在实际工作中的改造和锻炼，使一些旧职员担负起新政权的工作。从1945年11月13日到1946年3月，在绥化县民主政府的107名职员中，有82名是通过改造的旧职员，占全部职员的76.6%。与此同时，中共绥化中心县工委还根据工作任务的需要，先后成立了民众教育馆（1945年9月绥化县工委创办的）和龙南军政干部学校，从庆安、铁力、望奎、绥化等地招收200多名学员（小学教师和进步知识分子），培训毕业后，被分配到县政府、部队和民运团工作。为各项民主改革的实施提供了可靠的保证。

在改造伪职员、培养干部的过程中，中共绥化中心县工委十分注重提高干部的政治素质和工作能力。通过思想政治教育和在实际工作中锻炼提高等方法，使他们转变了不良的思想和工作方法，深入群众之中，拉近了与广大人民群众的关系，为根据地的建设和巩固，发挥了积极的作用。

第五节　打击反动会道门

1945年8月，绥化县解放后，社会秩序混乱。一些潜伏的国民党特务和被打倒的恶霸地主、劣绅、土匪头子、反革命分子相互勾结，纷纷转入地下活动，企图从政治、经济等方面颠覆新生政权。一些地方发生了地主、反革命分子暴乱和反革命分子杀害农会积极分子、纵火破坏等活动。还有的地方的反革命分子利用一些群众的封建思想，在各种会道门的掩护下，进行反革命破坏活动。1948年春，为了整顿社会秩序，打击反革命分子的破坏活动，绥化县委加强了对治安工作的领导，成立了五人登记委员会（县长、县工会主席、城区书记、公安局正副局长），增设了一些派出所，在街道成立了治安保卫委员会，进行了户口调查登记和发放居民证等稳定社会治安秩序的工作。

1949年3月5日，绥化县民主政府（1949年6月改为绥化县人民政府）按照东北行政委员会关于"命令一切反动党团组织一律解散，所有反革命党派、团体和特务机关人员，均须在一个半月内到当地公安机关登记，并交出全部证件、证章等物品"。的《布告》精神，绥化县立即把工作重点放在了火磨、北仓库、贸易局、粮栈、电业局以及铁路沿线的四方台等地，开展了对反动党团、敌特人员的登记工作。到1949年5月末，通过登记审查，共清理出反动党团分子393人，其中，国民党61人，三青团、特务、地下军45人，蒋军官兵83人，逃亡地主和伪军、政、警、土匪以及同乡会、维持会员204人。人民法院对罪大恶极的反革命分子依法进行了公开处理。

绥化县解放以前，封建会道门多而杂，开坛讲道，宣传迷信，毒害群众，活动十分猖獗。

绥化县解放以后，大部分会道门被瓦解。1948年，土地改革结束后，封建会道门又死灰复燃，一些国民党特务，少数地主富农、土匪、流氓等反革命分子，为了推翻人民民主政权，大肆进行会道门活动。当时在绥化县活动的封建会道门主要有：一贯道、先天道、中天道、后天道、宗天圣道、自羊佛、道德会、家理教、孔孟道、来生道、老君道、子孙道、知其道、五台山普济佛教会等。教徒达数千人。这些封建会道门中有的与国民党特务和反动势力勾结，他们一方面利用封建迷信活动，到处造谣生事，企图推翻人民政权；另一方面他们通过各种欺骗手段，骗取钱财，奸淫妇女，拉拢腐蚀党员干部，破坏土地改革、生产运动和人民政权建设。

在众多封建会道门中，一贯道人数最多，且十分顽固和反动。"一贯道"，又称"中华道德慈善会"，它起源于山东省，又名"东震堂"，后改为"一贯道"。"一贯道"由来已久，是一个以宗教为掩护，假借传道，散布反动言论，大肆宣扬封建迷信，欺骗愚弄群众，是反动势力御用的工具，是一个为封建主义、帝国主义、官僚资本主义和国民党反动派效劳的、地地道道的封建反动会道门组织。

一贯道的地方组织称老前人，下设点传师、坛主、天森林、地木、人才，这些人是"一贯道"的骨干力量。他们在佛堂上有天级老母、明明上帝、孔子圣道、弥勒佛、济世活佛、吕主、关夫子、穆罕默德、耶稣、老子等，五花八门都收罗在一起，意为

"万道归一"之意，在佛堂上有一盏佛灯，状似卤壶，两边各有一孔，点传师欺骗道徒说："在刮七七四十九天罡风时火都点不着，唯有此灯才有长明。"逢初一、十五摆香堂、跪拜祈祷。

一贯道的新道徒入道，按规定需由三个道徒介绍，即所谓保人、保道、保好人入道。然后经挂号、教友讨论、点传师批准，将姓名写在纸上，名为"龙天表"用火焚烧。坛主念咒请无极老母临坛，点传师往入道者玄关（是个穴位）上一点（点传师就是由此一点得名），称为点性，再传"五字真言"，礼成。一贯道传道宣扬此道能逢凶化吉，遇难呈祥，可免三灾八难，死后可以上天堂。说什么信一贯道的人能扎住根，不受刀杀之苦，将来"万道归一"，信一贯道的能说了算。对群众公开宣传道德经、金刚经、阐道要言、出世必读等，以玄奥内容，欺骗麻痹道徒。

东北解放前哈尔滨的一贯道老前人委任了绥化县一贯道的老前人，此人叫魏广民，他接受任务后，投奔他的朋友绥化县天利勇水果店经理王某，王某在绥化城内东南二道街给他找了三间房，即在此设佛堂传道，很快就发展道徒110多人（其中有铁力县10余人）。

魏广民与点传师焦春波公开传道是1945年"八一五"光复后，活动范围逐步扩大，从城内发展到农村的双河、永安、兴福等集镇，还蔓延到庆安、铁力等地。据记载至1946年下半年，绥化县城乡有佛堂11处，道徒4 000余人。其成员大部分是伪满官吏、小商人、家庭妇女（特别是老年妇女）、儿童，曾出现一人信道，全家信道的现象。为了达到颠覆人民民主政权的目的，随着当时的政治形势的变化，他们有针对性地散布反动谣言。如兴福乡腰房身屯"一贯道"坛主夏玉禄对军属说："八路军过江（指松花江）时，中央军把桥炸了，死了不少人。八路军没粮食吃被围投降了。"还说："白毛将军（白崇禧）要动手打八路军。"他们中有些信徒本身就是国民党反动派分子。如郝春荣光复时就任国民党刘家乡（三河镇）地方治安维持会会长，国民党区分部书记，他就利用这个反动组织为国民党反动派效力。当共产党发动群众，进行除奸反霸、减租减息、土地改革时，这些一贯道信徒就出来制造谣言。当解放战争即将取得胜利时，一贯道又制造谣言说："七七四十九天大劫快到了，到那时刮黑风，天昏地暗，49天没有星辰日月，十八子即位（蒋介石下野，李宗仁当代总统，十八子即李字）。"让群众赶快立愿、否则遭劫。当人民政府宣布一贯道是反动会道门，指令取缔时，其首要人物则宣扬什么"大劫来到"，让道徒"不要掉道"（掉道是一贯道中黑话，指不让道徒向政府登记），要"诚心"，要立愿净口斩断性欲。在进行反动宣传的同时，还加进很多封建迷信的宣传，什么"改天盘""换天盘"，搞扶乩，用木笔在沙盘上乱画，由天才（头目）拿罗圈在沙盘上摇动，由人才（头目）念咒语（不准念出声），由地才（头目）写，对扶乩出的经果，要求道徒做到，上不传父母，下不传妻子。胡说谁要暴露秘密必遭五雷击顶，以此愚弄无知之道徒。同时，一贯道的大小头目还利用传道，发展道徒，依所谓的"治病""除灾"为名哄骗钱财。还有部分头目以"接丹"为手段骗奸妇女。一贯道的反革命活动，严重地影响了绥化县各项工作的开展。1946年8月，绥化县公安机关，将魏广民、焦春波等7名主要成员逮捕，并将魏广民和焦春波押解到当时的省会北安法办。自此一贯道的反动活动由公开转为秘密。

1948年2月，点传师蔡希全和郝洪钧两人，秘密召集被政府教育后释放的道徒，举行"悔过""立愿"仪式，强迫那些在公安局被审察时泄露了所谓"天机三宝"的道徒进行"忏悔"，强迫他们以后要忠实于"道"。还秘密在南大街德江泉浴池后院设总坛，继续网罗道徒传道。并改变了以前几十人在一起的传道方式，从明目张胆发展道徒改为秘密地拉拢发展道徒，以化整为零的方式，把道徒分成三人或五人一组，分别"开班""传道""布道"（开班、传道、布道都是一贯道的黑话）。4月，蔡希全又纠集一伙道徒在孙连贵家开办"深造班"。8月，还组织坛主以上的道首和顽固不化的道徒30余人，赴哈尔滨香坊忏悔、反白、立愿，顽固对抗民主政府。

1949年7月，中共黑龙江省委按照东北局《关于严厉打击封建会道门活动的通知》精神，要求"除应按东北局4月27日对一贯道封建会道门处理的指示执行外，要把对罪大恶极的封建会道门主要头目的处理与打击国民党特务结合起来进行，对搞阴谋破坏活动的首要分子，应实行首恶必办的原则，提交法院审判处理"。1949年7月，《东北日报》发表了《打击一贯道》的社论。

1949年7月，按照上级的部署，绥化县打击封建会道门活动进入高潮，并宣布一贯道等封建会道门为非法组织，开展宣传攻势，进行调查摸底，发动群众揭发一贯道的罪行及危害，启发群众的觉悟，动员群众与一贯道等封建会道门进行斗争，消除群众中的封建迷信思想。7月18日，绥化县公安干警在各区中队、农会的配合下，逮捕首恶分子34名。首恶分子被逮捕后，由人民法院进行审理，对罪大恶极者依法判处死刑、无期徒刑或有期徒刑。

在严厉打击封建会道门首恶分子的同时，绥化县还开展了对反动会道门成员的登记工作。通过宣传党对封建会道门一般成员，只要坦白登记，退出组织，停止活动，均给予宽大处理的政策。绥化县参加封建会道门的1 256名道徒主动向政府坦白，政府均给予从宽处理。有2 078名一般信徒，也经过政府的宣传教育，主动退出组织，停止了活动。

打击反动封建会道门活动，不仅彻底摧毁了封建会道门的所有组织体系，遏制了他们的欺诈行为，而且也教育广大人民群众，使他们从封建迷信的枷锁中解放出来，以崭新的面貌和主人翁的责任感去建设自己的家乡。

第六节　清除社会陋习

吸毒是旧社会遗留下来的陋习，日伪时期尤为严重。在绥化县，日本侵略者为了摧残人民的身体，麻痹人民的反抗斗志，以禁烟为幌子，在永安、秦家等地大量种植罂粟。仅1944年统计，绥化禁烟总局炮制和销售鸦片390万两，吸食鸦片者6 000余人，占全县成年人口的10%。绥化县民主政府建立后，取缔了烟馆（鸦片专卖所），对那些禁而不止的贩毒者和种植罂粟者，进行了严厉的打击。同时，对吸毒者除了规劝、教育外，还强制其戒烟，使吸毒这一陋习得到有效的遏制。

赌博在解放前的绥化县比较普遍，特别是日本侵略者侵占绥化县以后，赌风更盛。仅1931年至1938年，农村的永安就有赌局49处，其中会局22处，宝局13处，牌九局14处，赌徒500余人，占当地人口的27%。当时在赌局当中，数会局最大。会局有官局和私局之分，官局是官府所办，私局也是依仗官府做靠山。赌局和官吏豪绅相互勾结，设赌抽头。赌博的手段多半是看纸牌、推牌九、打麻将、掷骰子、押宝、押会等。其中会局（花会）参加人数可达千人，范围可达方圆几十里。在农村，一些老人、小孩和妇女也被卷入赌博之中。由于赌博之风盛行，钱财被设局者抽去，致使许多人倾家荡产，妻离子散，沦为盗贼，杀人越货等。

绥化县在建立民主政府以后，对赌博行为采取了一系列的禁止措施，并对严重者进行了处罚，使赌博现象得到有效控制。

妓院是旧社会公开卖淫的场所，伪满初期绥化县城就有妓院118处，妓女854人。之后，四方台、津河等乡村集镇又开设妓院20多处，妓女60多人。妓院是由官府批准开设的，妓院按月向官府缴纳"妓捐"，妓女出身多为良家女子，或因生活所迫，或因受骗上当而沦为娼妓。她们是陷入社会最底层的贫穷妇女。新中国成立后，绥化县政府强行关闭了妓院，禁止卖淫，对妓女的生活也做了妥善的安排，结束了妓女卖淫的丑陋现象。

第十章　支援全国解放战争

　　绥化县广大翻身人民，经过剿匪斗争、反奸清算、减租减息、土地改革、建立政权和地方武装等实践过程，认识到没有共产党领导的人民军队在前线的胜利，就不能得到彻底的翻身解放。在各级党和政府的动员号召下，发出了"保卫田地、保卫家乡、保卫政权、一切为了前线"的呼声。为了保卫已经取得的胜利果实，广大翻身农民积极要求参军入伍，掀起了参军参战、支援前线的热潮。

第一节　积极参军，补充兵源

　　内战爆发之前，绥化县就掀起了踊跃参军的热潮。绥化解放后，特别是民主政府建立之后，为建立地方武装，巩固新生的民主政权，绥化县开始发动广大群众参军。从1945年9月建立绥化县人民自卫军一、二大队，到11月下旬扩编改称龙南纵队。中共绥化县工委、中心县工委先后派出大批干部深入城内街道、工厂和农村动员人民群众参军。在各地党员、农会、工会干部的带动下，广大工人、农民、学生，还有铁路工人，积极加入绥化县人民自卫军（龙南纵队），参军人数达2 400人。

1946年8月，中共中央东北局发出指示，要求"大量发展群众武装，巩固地方部队，充实主力兵团，以树立长期斗争的可靠基础"。按照上级的指示，绥化县委（1946年8月，中共黑龙江省委决定将绥化县工作委员会改称为中国共产党绥化县委员会）积极扩充新兵、补充兵源，掀起了动员群众积极参军的高潮。同时把老部队和一部分区中队输送给主力部队。据不完全统计，1946年，绥化县参军人数达3 115人。

1947年初，为了配合南满东北民主联军三下江南、四保临江的战役，西满分局三地委和军分区下发了动员新兵补充主力的决定，提出了"好男儿参加主力为国为民"的号召，并提出了扩充新兵数量、质量、时间的要求。绥化县立即召开紧急战备动员大会，号召广大翻身农民踊跃报名参军。形成了父母送子、妻子送郎、父子兄弟争当兵的动人场面。仅津河区一次扩充新兵就达250人。2—3月间，绥化县扩充新兵加入主力部队的人数达1 500人。

1947年夏季，中国共产党领导的军队在全国各个战场先后由战略防御转入战略反攻。东北的形势也发生了重大变化，东北敌军由攻势转为守势，东北民主联军开始了战略反攻。5月5日，中共中央东北局做出了《关于东北目前形势与任务》的决议，决议指出，积极组织力量，全力准备大反攻。大量歼灭敌人，尽快收复失地，巩固与扩大解放区。要求前后方一齐努力，一切为前线。东北民主联军为从根本上扭转东北的战争局势，从1947年5月开始，发起了夏季攻势。为保证前线兵源，绥化县委把支援前线作为领导工作的中心任务，签发征兵命令，采取各种措施发动组织青年参军。广大农民、工人、知识分子在党和政府的号召下，在土地改革运动胜利的鼓舞下，革命热情空前高涨，从而又掀起了更大规模的参军热潮。"参军光荣""参军打老蒋"的口号传遍城乡。各地挑选最好的青壮年送往前线，保证了前线主力部队及时得到补充，并具备旺盛的战斗力。据不完全统计，1947年，绥化县参军人数达5 215人。这一年参军的特点是报名人数多，思想觉悟高，兵员审查比较严格，战士的素质好。

1948年3月，东北民主联军取得了夏、秋、冬季攻势的重大胜利，从根本上扭转了东北战场的局势，一场全歼东北之敌的大决战即将开始。为了及时补充前线决战的兵力，东北局和东北军区做出了成立二线兵团的指示。黑龙江省委按照东北局和东北军区的指示，做出了建立基干民兵团的决定。绥化县自1948年2月，又抽调县区武装，编成一支二线兵团队伍，不久开赴前线，编入东北人民解放军（1948年1月东北民主联军改为东北人民解放军）。此后，按照黑龙江省委、省军区颁布的《关于组织预备兵之指示与计划》精神，绥化县又扩充新兵1 320人，编入二级兵团。据不完全统计，从1947年12月到1948年4月，绥化县参军人数达1万余人。不久，二线兵团开赴前线，参加了辽沈战役、平津战役、渡江战役和海南战役，为夺取解放战争的全面胜利立下功劳。绥化县的扩兵工作受到黑龙江省委、省政府、省军区的表彰。

解放战争时期，绥化县广大翻身农民参军热潮的不断兴起，充分体现了绥化县人民在中国共产党的领导下，为打败国民党反动派解放全中国的顾全大局、无私奉献的革命精神。同时也是绥化县人民阶级觉悟不断提高，万众一心沿着共产党指引的道路勇往直前的真实写照。更是中国共产党坚持走群众路线的又一次巨大胜利。

第二节　参加战勤，勇挑重担

绥化县广大人民群众，在积极把亲人送上前线参加战斗的同时，在绥化县各级党组织的带领下，还积极踊跃地担负起战勤支前的重任。他们出动担架队、大车队奔向战火纷飞的战场，运送弹药、抢救伤员、修筑工事、打扫战场，与野战军一起战斗，成为野战军不可缺少的有力助手，为解放全中国做出重大的贡献，谱写了军民一条心，才能打胜仗的壮丽篇章。

1947年2月至1948年9月，东北民主联军开始了二下江南和三下江南作战以及之后的夏、秋、冬季三大攻势。绥化县广大人民群众，不惜一切代价，开始了广泛的战勤支前运动。据不完全统计，在此期间绥化县参加战勤人员达1 866人，出动担架275副，战勤大车168台（以上数字不包括绥东县）。

在解放战争中，绥化县战勤人员不但人数多，而且素质高，他们在助战立功的口号下，与军队并肩作战，爬冰卧雪，不怕流血牺牲，在火线上抢救伤员，打扫战场，创造了许多可歌可泣的英雄业绩。

在四平战役中，由绥化、海伦等县组成的担架第一大队的330副担架全部出动，共运转伤员794名。参加担架队的支前民工，在半尺深的水中运送伤员，有的民工鞋底烂了，就光着脚走，脚肿了他们也毫无怨言。有的民工为了及时抢救伤员，同作战部队缩短距离，以便在敌人的炮火下第一时间抢救伤员。如第一中队组长绥化的荆文铎在过封锁线时，因敌机扫射与小队失去联系，在城壕的水泡中，发现了一名快要被水淹死的伤员和一挺轻机枪，他把人和枪一起背下来，然后抬到运转所。小队长何玉平带头冲过敌人火力网，冒着生命危险爬到敌人的碉堡附近，把伤员背到安全地带，然后叫担架抬下去。他们规定了一条抬伤员的纪律："抬时慢，走时轻，放下时头高脚低。"对待伤员无微不至，亲如兄弟。在四平战役中，绥化和海伦等县组成的战勤大车一大队连续8天不分昼夜，不管敌机、大炮怎样轰炸扫射，都能及时迅速地把弹药送到前线。当时天气很冷，过辽河时无桥又无船，小队长孟清海不怕寒冷，脱衣下河，试探深浅，然后领着大车渡过了辽河，及时将弹药送往前线。

支前民工对伤员亲如兄弟。绥化县的许多支前民工在运送伤员的过程中，掏出自己身上仅有的一点钱给伤员买罐头和饼干，宁愿自己饿肚子。有的支前民工甚至用自己的饭碗、毛巾为伤员接尿接屎。伤员们感动地说："还是我们老解放区的贫雇农好！"

许多支前民工在圆满地完成运送伤员和弹药任务的同时，还像解放军战士一样，帮助当地群众挑水、扫院子，深受新解放区人民的欢迎和爱戴。

许多支前民工在硝烟弹雨中，以扁担为武器，活捉敌人，缴获枪支，被部队誉为"没穿军装的野战部队"。

绥化县的战勤队，由于组织管理好，人员素质高，行动迅速，思想政治工作到位，立功受奖的人数也最多，被省委、省政府、省军区授予"战勤模范"称号。

第三节　搞好服务，拥军优属

绥化人民在搞好战勤支前的同时，还在后方广泛开展战勤保障和拥军优属工作。绥化县委广泛发动人民群众，以极大的热情和努力，从物质上、精神上，慰劳子弟兵。同时，广大人民群众还通过各种形式，对军烈属和支前民工的家属给予优抚和照顾，从而更加鼓舞了前线战士英勇杀敌的斗志。

一、多交公粮，交好公粮

为了支援解放战争，绥化县的广大农民，翻身不忘共产党，幸福不忘解放军，他们一边努力发展农业生产，一边把最好的粮食送往前线，支援解放军战士在前方打胜仗。

1947年9月，中共绥化县委按照省财政厅关于《黑龙江省临时借麦细则》的规定，积极动员组织群众，合理分担交纳的公粮任务，掀起了抢送公粮，交好粮的热潮。据不完全统计，到1948年，绥化县交纳公粮4亿斤，不但超额完成了任务，而且公粮的质量也很好。

二、捐款捐物，支持前方

为了支援前线，保国保家乡，绥化人民在积极踊跃交纳公粮的同时，绥化县委、县政府广泛发动和组织群众捐款捐物，送往前线。据不完全统计，到1948年，绥化县捐军鞋代金19万元，现金2 000元，捐肥猪201头，捐干菜42万担，捐乌拉草17万斤，寄慰问信500封。绥化县广大人民群众想尽一切办法，通过各种形式来表达对子弟兵的热爱，对战士的慰劳。城区的回民群众主动杀了30只肥羊，打着红旗，吹着喇叭送到拥军委员会，表达后方少数民族对人民解放军的爱戴之情。

三、努力做好后方勤务工作

绥化是滨北和绥佳两条铁路线的交汇点，过往伤员及转运工作很多，后方战勤任务更加繁重艰巨。这些任务主要由城区的群众承担。1948年1月至6月，城区出动民户担架队9 426人，商户担架队2 042人，共计11 468人。他们出动担架运转伤员不辞辛苦，有的转送到佳木斯，有的转送到北安。1948年1月至4月，绥化县城区出动男女零工59 632人，其中女工42 757人，他们积极为部队做被服、鞋袜，给伤员缝洗衣服，给部队医院修缮房屋等。

1946年下半年，东北民主联军为了加强后方医疗基地建设，在绥化县建立了东北民主联军第六医院，院长张学哲，政委韩静。全院下设5个所，1个卫生学校，有800余名医护人员和800多张床位。为妥善接收和治疗伤员，由绥化县政府、兵站、六纵队、第六军医院、警备局组成了伤员联络处，负责接收、护送、安置伤员，从1946年6月5日至1948年，共接收伤员6 308人入院治疗。1948年辽沈战役结束后，第六军医院随军南下。

四、做好优待军属和荣军接收工作

在"一切为了前线"的思想指导下，绥化县广大人民群众把做好优待军属和荣军接收工作作为支援前线的重要工作。

绥化县对军属主要是采取群众性的优待和帮助，辅以政府的适当救济。优待军属主要是帮助军属代耕土地，组织军属参加力所能及的生产劳动，尽力安排好军属的生活；同时，在社会公用事业中，军属子弟上学免收学费，生活困难的军属医病免收医疗费。绥化县为了使军属生活愉快，每逢节日都组织群众、学生给军属送礼品，进行节日慰问。平时组织青少年和学生为军属抬水、打柴、扫院子、拣粪。为了提高军属的社会地位和参军的光荣感，绥化县还建立了给军属赠送"功臣之家""光荣军属""光荣之家"牌匾制度，组织群众和学生敲锣打鼓送喜报，宣传功臣光荣事迹，增强军属的光荣感和自豪感。真正形成了"一人当兵，全家光荣，人民拥戴"的社会新风尚，绥化县拥军优属工作开展得轰轰烈烈。

做好荣军的接收和安置工作，对于支援前线，鼓舞前方士气，有着十分重要的意义。绥化县地处后方，又是解放较早的根据地之一，具有接收、安置荣军的条件。为了做好荣军工作，绥化县根据伤残情况对接收的荣军分别进行安置，一是对有条件工作的，积极安排其力所能及的工作；不能工作的，根据伤残程度分别安排在休养所，安排他们的治疗与生活；三是愿意回家的帮助送回家乡；四是对伤病残者定期给予生活补助。通过对荣军的接收和安置，使荣军发扬了前线战斗中勇于克服困难和不怕苦的优良传统，树立了积极劳动、热爱群众的观念，为家乡的建设做出贡献。

1949年10月1日，中华人民共和国成立。新中国的诞生是中国历史上翻天覆地的大变化。从此结束了中国几千年来少数剥削阶级统治绝大多数人的历史，广大劳动人民由被压迫者变成了新中国的主人。中华民族一百多年来被殖民主义、帝主主义奴役掠夺的时代已一去不复返了，中国人民从此站起来了。具有五千年历史文化的中华民族开始了由新民主主义向社会主义迈进的新时期。开国大典喜讯传来，绥化县广大人民群众无不欢欣鼓舞，中共绥化县委、县政府在火车站广场隆重召开万人庆祝大会。会后举行了盛大的庆祝游行活动，热烈庆祝中华人民共和国的诞生，广大人民群众都沉浸在欢乐和幸福之中。

绥化的历史，进入了全新的发展时期。

第十一章 铭记历史，勿忘国耻，黑土地的殇思

英勇勤劳智慧的北林人民，在中国共产党的领导下，沿着中国特色社会主义道路，风雨兼程，砥砺奋进，历经70多年，创造了举国瞩目的奇迹，使北林这块土地发生了翻天覆地的变化。

新中国成立前，绥化市没有地方国营工业，只有铁匠炉、粉坊、烧锅、油坊等一些手工业作坊。街里除了一些小摊贩外，还有几家私营商业。当时的绥化充满宁静和古朴。正如老百姓编的顺口溜一样："老榆树，破城墙，城区在1.65公里方块上；大菜园，泥土房，晴天寺塔影照在大坑上；窄街道，明沟板，脚踏沟板咚咚响；晴天扬灰路，雨天大酱缸，几辆花轱辘车，跑在大街上；古门楼，小花园，4楼1厦是最高房。"虽其中描述得不太全面，又有些夸张，但确是绥化当时的写照。

就是在这样的基础上，绥化市人民在党的正确领导下，自力更生，艰苦奋斗，取得了伟大的胜利。通过第一个五年计划的完成，促进了工农业的大发展。在社会主义建设总路线的指引下，使绥化市各项事业有了突飞猛进的发展。1982年12月18日，绥化撤县设市后，全市人民在市委、市政府"科技建市、兴绥富民"的总体战略指引下坚持了"高优高效益型农业、质量效益型工业、多元网络型财贸、藏富于民型财政"发展经济思路，绥化市

成为全国商品粮、商品鱼、优质烤烟和瘦肉型猪生产基地，水稻和大豆获得国家"绿色食品"证书。"五一"大豆在国内外久负盛名，曾受国务院嘉奖。2000年6月1日，绥化撤市设区挂牌后，全区人民在区委、区政府的领导下，以"创新、协调、绿色、开放、共享"发展理念为引领，围绕"三个导向"、坚持"四化联动"，着力建设"五大环境"、培育"三大产业体系"、构建"三大发展格局"，重点实施"三个一百"工程，发奋图强、开拓进取，谱写了光辉的篇章。

现在，全区各族人民在区委、区政府的领导下，同心同德，开拓进取，全力打造滨北最大的现代物流集散中心、绿色食品产销核心区、现代服务业发展中心区、现代金融服务中心，为实现农区现代化奠定坚实基础，奋力续写北林全面振兴发展新篇章。

第一节 抗战时期人员伤亡情况

1931年"九一八"事变后，由于日本帝国主义的侵略，使北林区这片美丽富饶的黑土地遭受了空前的劫难。日军残暴野蛮的烧杀抢掠，使生灵遭涂炭，资源遭破坏，财产遭掠夺。这里变成了日本帝国主义的殖民地，北林人民饱受了14年的沦陷之苦。造成了人口的重大伤亡和财产的重大损失。

一、人口伤亡情况

（一）直接人员伤亡情况

日本侵占绥化造成直接人员伤亡的主要原因：一是战争初期，日本侵略者为了恫吓人民进行狂轰滥炸造成人员大量伤亡；

二是日本侵略者"围剿"追杀抗日武装造成人员伤亡；三是日本侵略者制造惨案屠杀无辜和对抗日群众进行屠杀。据不完全统计，死亡1 046人，伤213人。

1932年4月，日军3架飞机在绥化县双河镇投弹21枚，炸死14人，炸伤10人。

1932年5月中旬，一批日军小分队到绥化县双河镇搜查军用品，开枪打死3人（王景满之父、纪果子匠和杜兰芳）。

1932年6月，日军对绥化县的吴家窝棚屯、小苗家沟屯（以上两屯为今东津镇利民村）进行炮击，杀死40人。1932年7月，日军对绥化县的孙豆腐房屯、王家窝棚屯、大德堂屯（以上三屯为今东津镇利民村）进行法西斯式的大扫荡，杀死50名无辜农民。10月28日，日军在绥化近郊一带剿汤螂螂（庆安匪首汤荣）匪团，在津河镇地方与匪团相遇，匪团四散奔逃，结果阵地遗弃匪尸70具，枪刀器械多件。1935年，逮捕省立绥化二中三名教师，其中许德珩被害，另一名教师被捕后失踪，王绍业经亲友多方奔走求救，总算活着回来，但身体遭到严重摧残。同年，省立绥化二中学生高某被日军抓去，连刺3刀，将其剖腹至死。

（二）间接人员伤亡情况

抗日战争时期，绥化县间接人员伤亡的主要原因：一是日本侵略者对抗日军民和无辜群众进行逮捕、摧残和杀害。二是日本侵略者对人民群众进行掠夺，并且实行鸦片政策，造成大量的灾民。三是日本侵略者抓劳工、奴役中国人民，造成大量的人员伤亡。

1.杀害抗日军民

1941年7月，抗日联军孙国栋一行8人，由小兴安岭到双河、五营成立救国会。11月，因汉奸告密，8名群众被捕。

1943年2月，"巴木东惨案"中20人被逮捕。1945年8月，孙国栋在哈尔滨监狱，被日军用绞刑架绞死。

2.灾民大量增加

1932年8月，绥化域内各县发生不同程度的水灾。由于当局组织救灾不利，损失严重。其中，绥化县被淹没村庄105个，灾民28 000人。1936年，在农村集镇有7个鸦片专卖所，登记造册吸食鸦片的人就有8 196人，而未登记的吸食者更难以统计。

1941年5月，绥化城内唯一的大舞台被烧毁，引起特大火灾，烧死128人，烧伤203人。

1941年，绥化县城乡15个鸦片专卖所每年发放烟票达1万余张，每日销售百余两，灾民10 000人。

1943年，绥化县鼠疫大流行，患病725人，死亡407人。

3.奴役劳工伤残致死

1934年，侵华日军第十四团在绥化县城北门外强占土地20平方公里，修建军用飞机场1处、机库16栋、机堡（即飞机包，防空藏飞机处）6组，每组3个，呈品字形。1939年前后，侵华日军又在绥化城南修建另一处军用飞机场。疑为飞机跑道，修筑了3年没有修完。这两项工程共抓走劳工1 000多人，死亡400多人。1942年，日本宪兵队从四方台抓走劳工100人到黑河服苦役。1945年7月，日本侵略者在张维镇抓了50名劳工送往中苏边境。日伪时期，永安镇共抓走劳工1 320人。

第二节　财产损失情况

一、居民财产损失情况

抗战时期，绥化县居民财产损失主要原因：敌机轰炸和"三光"政策造成房屋和财产损失，通过"粮谷出荷"掠夺粮食，由于战乱造成土地撂荒。

敌机轰炸造成房屋和财产损失：

1932年4月，日军3架飞机在绥化县双河镇投弹21枚，炸毁民房10间，炸死耕牛3头。1932年6月，日军对绥化县的吴家窝棚屯、小苗家沟屯（以上两屯为今东津镇利民村）进行炮击，烧毁民房40间。1932年7月，日军对绥化县的孙豆腐房屯、王家窝棚屯、大德堂屯（以上三屯为今东津镇利民村）进行法西斯式的大扫荡，烧毁民房50间。

1941年5月，绥化城内唯一的大舞台被烧毁，引起特大火灾，烧毁民房6 112间。

1943年，全县粮食总产量为22.11万吨，共交"出荷粮"10万吨，占总产量的45.5%，其中大豆50 000吨，当时全县34 621户，平均每户出荷粮2 893公斤，全县28.68万人，平均每人出荷粮349公斤。

有的地方农民出售高粱，一吨仅得当时的伪币16.7元，不值当时的一车柴火钱，仅能买到劣质的白格布16.7尺。在这种反动政策下，绥化农村每年的"出荷粮"高达粮食总量的50%以上，并且无论收成如何，出荷量逐年增加。

1943年3月，伪绥化县协和会对绥化县西北农地的现状进行调查，调查后不得不承认，在实行残酷的"粮谷出荷"制度后，农民几乎无粮可用，生活十分悲惨。薛家村钓鱼台屯（今新华乡新安村）农家只有5户，在责任出荷粮量29 000公斤中已出荷4 000公斤，仅4个村100多户出荷量达到619 530吨，吃粮都已出荷，陷入粮食极度不足的状况。

二、社会财产损失情况

1.土地

1932年，日本侵略者在县城北门外强占土地20平方公里，以修建军用飞机场。

1932年8月，绥化区域内各县普遍发生水灾。由于当局组织救灾不到位，损失严重，其中，绥化县被淹没村庄105个，被淹没土地97 000余坰。

1943年，伪县公署为防备抗日联军的袭击，禁止了呼兰河的船只往来，并将刘海船口一带19 000余坰河套地划归伪满洲国所有，将河套里的大片柳条通全部毁掉。

伪满时期，日本侵略者以"国家"名义在绥化北部强行征用土地，为开拓团种水田。封建地主、官僚豪绅仍占有大量土地。据1938年资料所载，全县地主富农8 471户，为全县总农户的10%，占有土地2 013 850亩，为全县土地总面积的63.61%。贫苦农民36 873户，为全县总农户的74%，占有土地1 156 050亩，为全县土地总面积的34%。

2.造成工商业凋敝

日本人在绥化县设的"太阳公司""东亚汽车运输公司""三太洋行""降旗商店"等都是垄断市场，是榨取民脂民膏的机构。在他们的控制下，工农业产品差价极不合理，一石粮食40元（伪满洲国币），一尺白布4元。1944年后，一切日常生活必需品均实行配给。1945年9月，私人商业资金一般下降80%左右，当时东大街仅有9家药店和福合昌百货店等，其余大部分为摊贩。在伪县公署的统治下，一些民族工商业户相继倒闭，剩下的工商业户也朝不保夕。

3.利用毒品、掠夺财产

1935年，城内设专制鸦片机构。日加工成品1 000两，半成品800余两，并投放"五毒霜"。同时在城内设烟馆8处。

1941年，城乡设立15个鸦片专卖所，每年发放的"烟票"达一万张，每日销售鸦片百余两。到1944年，绥化禁烟总局炮制推销鸦片390万两。据史料记载，绥化县东门外东新野专卖所4年内售出生土量1 746 600两，合计金额162 188.15元。绥化县西厢阁鸦片专卖所，仅康德四年（1937年）就收入172 464.15元。四方台瑞林祥鸦片专卖所，全年收入232 987.65元。

上述重大的人口伤亡和重大的财产损失情况，记录了日本帝国主义在北林区这片黑土地上所犯下的累累暴行。我们要铭记这段历史，把日本帝国主义的罪恶史永远钉在历史的耻辱柱上。

第三节　大事年表（1930—1945）

1930年

4月，中共满洲省委派张适到绥化县四方台站开展党的工作。

6月，在张适领导下，成立了由工人、农民、青年学生组成的四方台反帝大同盟。

1931年

9月18日，日本帝国主义发动了侵略中国的"九一八"事变。

9月19日，中共满洲省委召开紧急会议，发表了《为日本帝国主义武力占领满洲宣言》。

张适将反帝大同盟改为四方台反日会。

10月10日，中共四方台特别支部成立，张适任特支书记。

11月4日，日伪军向嫩江江桥大规模进犯，黑龙江省代主席兼军事总指挥马占山率部进行还击，江桥抗战爆发。

11月22日，江桥抗战失利后，马占山率部退至海伦，并在海伦设抗战政府。

1932年

3月1日，伪满洲国成立，年号"大同"。

4月2日，马占山重举义旗，再度抗战。

4月中旬，绥化义勇军李云集按照马占山的部署，与邓文部、才洪猷部、兰西义勇军李天德部会合，准备反攻哈尔滨。

4月下旬，日军骑兵96人进入绥化城内进行骚扰。

日军3架飞机在绥化县双河镇投弹21枚，炸毁民房10余间，炸死14人，炸伤10余人，炸死耕牛3头。

马占山率部在绥化、海伦一带抗日，绥化县县长段耀先为其提供军费和粮草。

5月，中共四方台特支组织了一支约200余人参加的抗日义勇军。

5月29日，日军平贺旅团入侵绥化城，绥化县沦陷。

日军窜至滕家围子（今新华乡兴发村），将全村妇女奸污。

日军到绥化县双河镇搜查军用品，开枪打死3人。

6月19日，绥化义勇军指挥王凤鸣率部在克音河附近与日伪军交战，毙敌20余人，王凤鸣在战斗中牺牲。

6月，日军以"剿匪"为名，对绥化县的吴家窝棚屯、小苗家沟屯（以上2屯为今东津镇利民村）一带进行炮击，并放火烧毁民房40余间，杀死40余人。

7月，日军对绥化县的孙豆腐房屯、王家窝棚屯、大德堂屯（以上3屯为今东津镇利民村）进行烧杀抢掠，枪杀50人，放火烧毁民房数10间。

8月，中共四方台特支分别在四方台车站、绥化车站建立了党支部。四方台车站党支部书记田成考，绥化车站党支部书记李荣弟。不久又建立了曹家烧锅屯（今四方台镇富荣村）党支部。

冬季，中共四方台特支书记张适调到哈尔滨市委工作。特支在张冠英的领导下继续工作。

1933年

2月19日，中共满洲省委巡视员杨一辰巡视绥化车站党支部工作。

秦家火车站3 000余名砂石装卸工人，在绥化车站党支部的领导下举行全员大罢工。

3月，张适巡视绥化车站党支部工作。

四方台博文小学在四方台特支党员的领导下，举行了罢课斗争。

4月，中共满洲省委派张适巡视四方台特支工作。

秋季，抗日义勇军在四方台与望奎县交界处同日伪军激战，击落飞机1架，缴获机枪1挺。

1934年

4月，在日伪大检举大搜捕中，中共四方台特支及其领导下的四方台车站党支部、绥化车站党支部、曹家烧锅屯党支部遭到破坏，停止了活动。

1935年

9月，原呼兰县特支书记，满洲省委、共产国际远东局、远东红旗军情报员张克明在失去组织联系的情况下，来到绥化县四方台村欢喜岭屯秘密开展党的地下工作。

是年，苏士祥率领抗日武装400余人，打开绥化县藏家窝棚屯（今西长发镇保安村）大地主藏殿甲的粮仓，把粮食分给贫苦群众。

是年，伪县公署在绥化县农村强行建立"兴农会"，对生活资料实行配给制。

1936年

是年，绥化设伪地方法院，伪地方检察厅。

1937年

是年，伪县公署在农村强行建立"兴农会"，对生活资料实行配给制。

1938年

是年，绥化县实行保甲制，划为5个区19个保、267个甲、3 685个牌。

是年，日伪在绥化县实行新学制，初级小学改为国民小学、高级小学改为国民优级小学。建立国民高等学校、女子实业学校各1处。女子实业学校，后改为女子国民高等学校。

1939年

7月，北满抗联独立一师在周庶泛带领导下，到绥化东部、庆城（庆安）西部地区开展抗日活动。

1940年

1月，日伪当局在绥化县强制组成了"粮栈组合"，强化粮食管制。

是年，伪满洲国实行征兵制。

1941年

春季，中共党员张克明领导绥化县四方台村百余名农民，为反对日伪开拓团圈占土地，进行了平壕斗争。

5月15日，绥化城内中心繁华区大舞台发生大火、烧毁民房6 112间，烧死128人，烧伤203人。

7月28日，抗联第二十五大队大队长孙国栋，率领7名抗联战士到绥化县双河、五营等地进行抗日活动。并成立了抗日救国会。

秋季，绥化县连岗乡农民刘启凤、许世杰用马车将在此养伤的抗联十二支队的伤员送到庆安后方基地。

伪绥化县公署强行"粮谷出荷"。

1942年

2月，太平村白五屯发生"反出荷粮事件"。

是年，在四方台建立了以张明仁为队长的地下游击队，破坏日军铁路运输。

9月，四方台抗日救国会（称地下游击队）执行组，在张维屯车站到四方台车站区间的铁路弯道处，颠覆一列日军军用列车，毁车厢20余节。

9月16日，孙国栋率领抗联小分队和抗日救国会会员，捣毁了五营村伪警察分所。

1943年

伪绥化县公署为防止抗日联军袭击，将刘海船口东西19 000垧河套地划归伪满洲国所有，并将这里的柳条通全部毁掉。

秋季，抗联十二支队在永安镇半步道屯（今永安镇正黄五村）与日军遭遇，在当地群众的掩护下，侧击敌人后，向肇东方向转移。

1945年

2月1日，孙国栋到绥化县朱成玉屯（今三井乡前九村）检查抗日救国会工作时，不幸被捕，8月14日在哈尔滨英勇就义，时年30岁。

8月8日，苏联政府对日宣战，百万苏联红军进入中国东北与日军作战。

8月15日，日本天皇裕仁宣布无条件投降。

8月27日，孙志远、李海青等抗联人员，带领苏联红军解放了绥化县城。

9月13日，陈雷随同苏联红军进入绥化。

11月13日，中共绥化县委书记陈雷，在九江楼饭店主持召开了有99人参加的各界人民代表大会，成立绥化县政府，选举阎继哲同志为县长。

第十二章　缅怀先烈，崇尚英雄，誓将遗愿化宏图

天地存肝胆，江山阅鬓华。

为了民族的独立与解放，为了新中国，为了世界的和平与安宁，在历次斗争中英勇捐躯，光荣牺牲的北林籍的英烈们，有名有姓的多达963人，这还不包括那些无名无姓的英烈们。

青山巍巍，大海滔滔。英雄儿女们气壮山河的献身精神，视死如归的家国情怀，将永远激励一代又一代的北林人，在中国特色社会主义道路上努力奋进，砥砺前行。

祖国不会忘记！

人民不会忘记！

第一节　烈士英名录

绥化镇：

梁春风	申希德	杨成和	孙殿全	边国英
谢兆发	王其德	李明久	王德林	王会君
李国臣	肖志田	李士培	赵明新	邹本智
焦永春	姜绍泰	于占江	孙法根	廉　车

吕中韶	尚茂林	梁胜营	李忠林	吴宝春
房学志	张连贵	李士林	陈本山	高连友
刘玉山	吴俊坤	高云红	王凤林	郭旭章
王春方	杨凤山	张振武	周井会	孙同德
吴柱芳	关永和	谢福德	李 球	王福成
郑 荣	魏洪仁	姜恩普	王春元	张文生
王占地	庄树清	卢昌文	王国贞	邹有库
刘印清	尹晓峰	李 恒	韩德方	王振才
刘润泽	周武林	张志德	朱其福	刘唯廷
房占国	赵 珍	郑希顺	陆永先	李广义
赵春华	王明云	许全义	周 全	张志杰
陈文起	李 怜	刘到兴	田维忠	

北林公社：

黄殿军	朱其福	王其德	于树恒	于丛书
黎茂生	房占国	曲 才	辛 奎	张志德
刘之明	王有富	姜仁贵	张德志	王连山
耿宝臣	吕其安	张启云	林子臣	

宝山公社：

王德彬	陈国章	杜振英	沈广达	张玉春
张振武	魏振坤	崔显武	张海文	李 贵
范振环	李忠范	郑 礼	曲振龙	朱长发
李永堂	张德春	赵海青	李忠营	韩作金
吕若先	吴长海	马 春	郝连成	李忠纪
付忠信	张春华	杨忠英	吕 河	张玉林
李万山	陆 贵	徐广仁	张贵春	李德俊
安孝臣	李向阳	韩佐全	姚得增	李秀春
王福山				

绥胜公社：

郑文奎	王龙川	杨万锌	王福山	刘明忠
郭有路	黄维久	王士文	黄仁喜	何 福
陈 山	王福录	薛伯全	于贵有	宋 林
毕长德	李世昌	杨 德	王延平	傅忠信
张 英	施福全	张玉喜		

西长发公社：

张玉福	田 滨	傅振东	孙树贵	王凤和
方展坤	郭洪生	胡长生	李纯良	雷金保
张继凯	鞠兴亮	于仁方	孙福全	蒋德荣
于 春	孙清贵	刘兴臣	李在光	王明歧
吴永和	高 喜	魏永江	赵永林	王 铎
宋永海	满国忠	高庆方	夏俊福	郑连元
王洪昌	李 平	刘 富	刘德方	李广丰
孙 刚	杨 双	邰显发	刘茂太	徐永才
姜福有	浦海生	姜正贵	刘兴臣	金绍祥
赵德发	张 财	吴志臣	张殿候	王福江
王玉和	刘振发	金化武	王英文	乔德新
关玉清	刘 富	王金和	张继荣	

永安公社：

蔡金生	窦树林	石玉成	白战文	韩庆德
关庆玉	朗朝山	王佐良	李福林	邵明忠
刘景阳	高忠林	孙耀忠	孙 发	黄士昌
李殿英	于忠杰	赵不和	周德仁	刘忠有
夏忠和	李本春	毕光荣	李继祥	郭 才
田维忠	霍永福	蔡德龙	葛喜臣	史文江
许英祥	孙士福	潘家玉	曾兆发	肖天岐

白成文	葛喜生	关玉田	杜永录	侯克余
潘宝山	陈永刚	董良才	谷喜山	石玉山
蔡兴国	史文汉	关跃武	徐士林	关玉珠
关庆春	李振和	陈 生	姜广顺	伯万祥
李修荣	李洪学	肖天双	邹国忠	谷纱先
王永旭	刘凤玉	石永福	范玉发	宫全生
康德路	李 和	庞 瑞	郝长海	姜科友
王连芳	高克山	韩长春	高文忠	胡振锋
傅喜臣	陆井荣	刘忠臣	陈小贵	夏荣喜
王 先	张英华	刘庆山		

连岗公社：

孙广志	王云廷	徐万平	李凤阳	孙庆录
白振江	安殿生	王显贵	徐延平	诸洪生
王海山	徐永江	丛德兴	张树林	徐 珍
王世荣	李 和	张永福	诸洪道	陈继祥
王 刚	柴先荣			

红旗公社：

韩万龙	高殿明	李洪志	高金德	周国良
范明学	宋 彬	陈绍清	魏国喜	闵中昌
乔德海	张本和	刘志贵	康德录	姚长福
沈立新	邵 发	周祥林	杜广彬	高凤阳
高克山	乔德新			

新华公社：

赵德深	兰 珍	孙福全	蒋政国	张生和
朱凤山	李树和	薛文奎	于长有	王永祥
于占林	齐宝库	李树森	李春付	张玉平
赵政国	王 君	韩文明	陈 福	北树山

王宝仁	迟凤久	李庆福	关纯祥	李德福
李树元	康国仁	邱玉会	齐宝库	李 才
王 英	杨玉清	王 国	李景荣	丁洪范
张连贵	鲁绍刚	丁 宝	王国忠	秦有财
边永志	王玉珍	杨井云	郭忠福	李 方
陈国兴	班长和	李德福	张 才	徐国兴
崔万金	安业杰	韩明义	张 荣	祖明春
于占海	王金生	杨向荣	赵 莱	邵万祥
乔传海	边永林	王振富	李子江	

太平川公社：

毕元玉	张再明	江振和	王玉峰	茬清财
卢鸾熙	王殿路	张金峰	刘焕才	于长有
李东光	王宝仁	芦希兰	尹 江	赵雨田
陈 福	沈玉书	蒋中英	毕晓玉	王殿永
王连方	阎景芳	王宝云		

东富公社：

唐国春	王占地	于忠江	王锡武	李 仁
王国祥	高德仁	谭 华	徐殿发	陈 生
刘振东	徐 富	姜福林	宋国政	宋玉林
梁贵义	阮 操	王 江	李井和	傅金城
宋国瑞	董明久	李忠林	阮 范	周长宽
刘贵风	刘广文	刘振东	郝春廷	

兴福公社：

吕殿富	张茂德	刘玉海	姜吉贵	于丛江
张子良	张殿英	钟振祥	李梅久	曲家和
姜德祯	李春山	邹凤祥	谢文忠	郝春芳
徐殿海	刘殿付	孙成龙	史振芳	宋振祥

于德祯	裴文忠	刘玉海	张茂林	杨润树
曲永和	祖少奎	于占海	潘景祥	史振国
陈景春	胡 志	刘汉文	刘春甲	曹黑川
韩连启				

隆太公社：

李庆兰	白若刚	周井贵	王 凤	董长山
张齐田	金少祥	任福林	阎立文	章万才
刘德臣	李凤山	耿海延	王纯福	沈志权
黄光国	李庆林	王春福	刘潮风	黄德柱
王国臣	孙志福	孙 财	计占春	杨明春
辛万库	刘福东	商 路		

东津公社：

杨成富	李 仁

利民公社：

王福田	王祥瑞	刘喜贵	万盛昌	张维君
王焕良	徐凤祥	张家富	李德新	孙永富
王作民	苗长付	徐德忠	齐长发	吴祥孙
齐长发	王利民	张长忠	王国发	刘长春
张明希	薛永贵	纪洪生	陶新义	曹广义
孙桂增	王 泉	秦家贵	刘国安	刘国祥
黄树彬	赵 升	武志明	邵云达	王 君
樊子祥	李 忠			

四方台公社：

樊清林	金汉沫	邹春发	赵炳元	王 义
于耀新	胥文生	陈玉佃	唐 福	蔡文仁
荣连廷	孙福忠	张 有	姜喜才	谢德福
张 富	王同阁	杨春林	徐 坤	孙海忠

| 陈春才 | 尚万才 | 高文林 | | |

民吉公社：

苏庆祥	于文波	赵井方	赵连义	景　方
祁占福	田守江	李　玉	于跃春	孟凡文
王发祥	陈德发	刘志发	孙玉和	张有和
卢景恩	刘海丰	孙志富	初万林	王志会
孙玉天	宋德才	刘文林	赵俊英	辛　宽
刘武义	杜桂林	杨成富	刘有德	韩国忠
谭学文	吴运和	李有和	曹显洲	郭永久
娄照水	齐国珠	赵　庆	陈付义	李　江
刘振义	齐振海	朱　合	赵　庆	王　俭
陈富发	兰　臣	王　臣	刘志才	史玉海
崔若臣	赵景荣	孙玉臣	荆宝林	李　仁

张维公社：

李万昌	崔子刚	刘若歧	刘殿阳	尹兆先
王福信	唐万起	崔洪植	于占全	刘殿阳
张永山	李万金	程宝太	高振林	刘玉清
陈均才	景桂杯	金桂哲	李振生	王殿生
李景龙	范玉才	娄明通	赵志国	于福贵
店正起	高文生	崔子刚	曹显发	王　荣
高占元	刘玉春	宫万发	王长富	王忠林
刘万春	李传山			

三井公社：

曹　林	董　江	祁显中	张文春	张树范
宋万财	孙才玉	赵清东	于德江	常万福
初显忠	于德江	刘　信		

新生公社：

任忠有	齐福军	李 荣	阎春华	王玉峰
赵玉山	徐 山	李余福	李 坤	王玉峰
王 禄	姚宝山	马洪昌	阎永林	高文生

联合公社：

张万山	纪海忠	徐德恒	王云生	鲍海东
咸维珍	袁凤廷	焦兰亭	宋昭义	王国民
常 义	张青山	袁凤和		

秦家公社：

张喜春	刘万才	卢景恩	路忠祥	于 海
王 刚	雷志业	尤殿庆	张 养	王 春
赵胜山	何广发	李家滨	杨 富	赵清山
袁永宽	黄喜荣	刘 生	王保福	王 才
张力新	李景彬	卢昌义	贾洪涛	张 付
宫志国	李树侠	谷有昌	霍长秋	于文波
李连珠	纪洪文	肖明儒	周 财	马国选
张喜全	田国和	赵明君	穆占田	赵明义
于成和	孙 振	王国安	周友山	徐德发
戴永志	刘文波	王显林	张希元	王显德
朱志国	东明生	王庆生	赵德山	胡士发
郑凤和	顾井春	王占海	张 荣	王广生

津河公社：

张锡之	于占发	张德全	万品和	杨景全
李佳才	王 剑	沈 金	王文祥	高有德
温殿和	王焕良	刘有忠	谭学林	张国臣
沈志全	李凤山	胡守维	李德光	王奎元
张会波	陈国生	王喜林	王希林	王显德

王连云	李广生			

双河公社：

张万新	王 英	谷生和	冯 财	王 辉
颜井春	郎振国	于万林	冷德义	于庆福
杜连举	刘凤祥	王 强	王 富	陈显丰
赵国栋	张乃新	高 兴	吕 恩	邸长林
赵 富	李富贵	车指道	姜学礼	朱继尧
杜连举	赵国栋	王 富	陈显凤	郑永赞
白锡武	刘殿甲	王成有	陈显铎	李永先
刘凤祥	刘化有	张炳义	崔化金	赵炳元
赵芝玉	李宝录	韩金山	康忠道	李振硕
董万德	金立德	齐 义	李玉才	马振林
王 俊	李功宝	魏清发	王 春	王占江
王德相	吴景福	李宝才	盖绍荣	胡士发
张福和	陶文善	于清福	王显德	陈玉和
郭连有	李维国	王成有	姜甲栋	李 芳
于志圣	王春方	王忠孝		

五营公社：

尹海忠	麻万德	孙继福	徐 财	尹学富
张 勤	张万林	李国臣	赵 仁	张洪恩
蒋兴录	王文举	姚贵臣	乔凤山	董万德
王 贵				

三河公社：

刘俊林	潘殿臣	杨井生	鞠化有	张希有
毕家财	王占武	韩喜廷	李 荣	李宝录
冷德义	李春浦	王洪喜	段青海	孙士荣
孙成文	李长景	杨明祥	王兴堂	孙耀廷

曲明久	马福林	邢树林	李长久	曹振亚
高子民	龚庆江	张万金	杜清林	赵才山
郝成学	张永和			

兴和公社：

李德武	金三德	南尚植	朴泰权	张相禹
金汉洙	金车善	金周学	金钟久	全白龙
赵京洙	郑元冰	张书文	南尚枢	安辑洛
白石彬	郑永贤	郑龙伊	朴宋植	金汉九
金汉洙	任汉模	金视现		

其他：

李凤臣	阎成荣	韩连起	宫庆江	王洪学
古少先	王立至	王　方		

第二节　北林区革命烈士陵园

北林区革命烈士陵园，始建于1955年7月1日。1987年4月进行过一次维修改造。2000年5月被绥化市委、市政府确定为县级爱国主义教育基地。2008年6月，为进一步提升烈士陵园的建设水平，强化"褒扬烈士，教育群众"的主体功能，省民政厅、市、区两级政府共投资

一级战士孙殿金烈士纪念碑

300多万元，对烈士陵园进行了维修改建，逐渐打造形成了以褒扬烈士为主体的集宣传、教育、游览为一体的社会主义精神文

明教育阵地。

革命烈士陵园由革命烈士纪念碑、革命烈士墓和革命烈士纪念堂三部分组成。

革命烈士纪念碑在革命烈士纪念堂的北部中轴线上，高13米，宽6米，厚6米，正面书写"革命烈士纪念碑"，象征着无数革命先烈的革命精神永远长存在人民心中。

革命烈士碑

革命烈士墓为卧式，在革命烈士纪念碑东侧，排列着规格为85×65厘米的墓穴。安放着几百名烈士遗骨遗物，其中包括有名烈士墓217座，无名烈士墓30座。绥化市北林区在历次革命战争和社会主义建设时期牺牲的烈士，有史料记载的有963名，进入陵园留有姓名的烈士共有217名，其中包括抗美援朝战争中牺牲的一级战士孙殿金。英烈们虽已长眠，但英灵永存。他们无私无畏的英雄壮举，将永远留在人们心中，人民永远不会忘记。

革命烈士纪念堂原建于1987年，1989年正式迁入烈士骨灰和遗物。后于2009年进行了一次全面的修缮，把骨灰遗物迁出安葬。纪念堂已经成为一个纪念、缅怀、瞻仰烈士的场所。共有面积100平方米，分3个展馆。进入纪念堂展示大厅，迎面屏障上有一本翻开的书，正面有毛泽东写的"共产主义是不可抗拒的，星星之火可以燎原，死难烈

老战士为孩子们讲述革命历史

士万岁"。并镌刻有邓小平题词："用革命的事迹来教育我们的
子孙万代：像我们的前辈
那样，像我们的先烈那
样，永远当一个革命者，
永远当一个为人民大众集
体服务的社会主义者，永
远当一个共产主义者。"
背面刻有绥化市北林区963

纪念馆中陈列的是邓小平同志的题词

名烈士名录。庄严肃穆，令人无限敬仰。纪念馆按抗日战争、解
放战争、社会主义建设时期几个部分构成，现正在不断地搜集实
物、文献、绘画、照片、扩充馆容，以此达到宣传、瞻仰、教育
的效果。

　　国典铭志，缅怀先烈，砥砺后人，英灵永驻，浩气长存！

第十三章 欣欣向荣的新北林

第一节 经济建设取得可喜成果

一、农业经济蓬勃发展

在世界版图上，有3块广袤无垠的黑土地，一块分布在美国密西西比河流域，一块地处乌克兰大平原，还有一块就是中国东北松辽流域上的黑土地。北林区就处于这片稀缺土地资源的核心区域，阡陌流金、黑土丰饶，北林人称之为"寒地黑土"。

北林区物产资源丰富，是国家重要的商品粮、商品鱼、优质烤烟和生猪、肉牛生产基地，素有"鱼米之乡、塞北江南"之美誉，全区绝大部分为黑土、黑钙土和草甸土，土质肥沃，适于多种农作物生长，主要粮食作物有玉米、小麦、水稻、高粱和谷子等；主要经济作物有油料、亚麻、烤烟、甜菜、瓜菜和中药材等。尤其是水稻的种植条件得天独厚，经过多年的开发和整理，大部分水田已经建成了渠系配套、生态良好、土质肥沃的高产稳产田，民营育种实力和种植栽培水平居全国前列。2009年，在全国率先建成了国家级现代农业水田示范区，原国务院副总理回良玉亲临视察，并代表黑龙江省迎办了全国农业厅局长工作会议，受到好评；北林区的"禾典""高彦湾""上善道"等品牌大米，具有高食味值和自然富硒特点，口感和品质可与"五常稻花香"和"日本月光大米"相媲美，在2016年农民日报社主办的"中国好米品鉴"活动中，北林区高彦湾大米获得全国第一。绥化大米已成为远近闻名的大米品牌，无公害、绿色、有机大米。

北林区是国家瘦肉型商品猪基地区，秸秆养牛示范区，国家无规定动物疫病项目区，农业部指定的动物疫情测报站。新中国成立前由于受日伪统治者的盘剥和压迫，农业生产落后，粮食产量极其低下。新中国成立后，绥化县坚持农、林、牧、副、渔全面发展，不断提高机械化程度，改进耕作制，改良土壤，推广优良品种，提倡科学种田，粮食产量逐年上升。1949年，全县粮豆亩产142斤，1982年达到253斤；1949年，农业总产值为4 770万元，1982年上升为19 856万元。尤为突出的是新华公社"五一"大豆，以质好量高闻名国内外，平均每年出口大豆近2万吨。在广州交易会上，曾受到国际友人的好评，外国友人曾多次到新华公社五一大队参观访问。1958年，该大队荣获国务院嘉奖，因此人称新华公社五一大队为"大豆之乡"。1972年，这个过去被人们称为"北大荒大谷仓"的绥化，被中央确定为商品粮基地。农村经济体制改革后，随着家庭联产承包责任制的普遍推行和生产条件的不断改善，农民科学种田的积极性空前高涨。兴福乡广大干部群众创造了"正茬轮作、秋整深松、更新品种、测配夹肥、抢墒精播、早趟细管、防病灭虫、苗期灌溉"的大豆丰产技术，被省农业部门誉为"兴福模式"，在全省推广。

农业是国民经济的根本，是关系整个四化建设的基础产业。新中国成立后，绥化县围绕解放和发展生产力这个核心，进行过多种尝试。但因农业经济体制未得到根本变革，致使农村经济发展缓慢，粮食产量多年徘徊不前，农民生产水平提高幅度不大，生产积极性受到影响，农业的基础地位不牢。

党的十一届三中全会以前，绥化县种植业占主导地位，在种植业中也是单一的粮食生产，属自给半自给经济，基本处于依赖资源，靠天吃饭的状态。党的十一届三中全会以后，绥化人民在改革开放方针的正确指引下，认真贯彻执行党的各项方针政策，全市农业经济体制逐步由计划转向市场。农村建立和实行家庭联产承包责任制，为整个农村经济发展注入了活力、带来了机遇，农业生产得到了空前的发展。1998年，粮豆薯总产量为10.6亿公斤，比1978年的4.48亿公斤提高1.4倍，比新中国成立时期的1.68亿公斤提高5.3倍。1998年，人均占有粮食为1 290公斤，比1978年的651公斤提高近一倍。1998年，农业总产值实现13.95亿元，比1978年的1.49亿元提高8倍多。1998年，人均收入为2 678元，而1978年仅为122元，二十年来平均每年增长127元。

新中国成立以来，尤其是十一届三中全会以来，绥化市出现了许多畜、禽、渔等养殖业专业村屯和专业户。西长发镇和平村多年来非常重视渔业资源的开发利用，充分发挥资源优势，不断推广应用先进的养鱼技术，科学配方喂食，优化放养结构，提高肥水鱼放养比例，养殖名优新特品种。1997年全村养鱼户365户，养鱼水面达1万亩，水产业产值实现1 600万元，占全村农业收入的41%，纯获利550万元，成为名副其实的滨北渔业第一村。

1994年，绥化市确定了菜、畜、烟、鱼、绿色食品五种特色经济，以瓜菜、水稻系列开发为主导产业，规模发展"一品一业、一村一品"的强项经济和优势经济，引导农民按市场需求配置组合生产要素。1998年，市委、市政府制定发布了《关于农村新一轮土地承包工作的实施意见》，实施第二轮农村土地承包。坚持"大稳定、小调整"的原则，承包期延长至三十年不变。全市农业总产值268 354万元，农村人均收入2 678元。家庭联产承包责任制经过十五年的运行，适应绥化市农村经济发展需要，对生产力的发展起到强大的推动和促进作用。

1997年至2005年，黑龙江省以哈伊路为轴心，西起哈伊公路85公里，东至148公里庆安县界，建立"黑龙江省农业高科技百里示范带"、省委书记示范点。示范带总长105华里，耕地面积670公顷，连接10个乡镇、32个村，有8 892户农户、3.1万人口，有科技园区32处，每个村建立一处面积33公顷以上的高效科技园区，园区总面积110公顷。园区主要项目有：玉米吨田攻关区、蔬菜高效开发区、马铃薯种薯开发区、优质大豆攻关区。九年间，示范带平均年收入1.25亿元，平均亩增收220元，带内农民比带外农民年人均增收350元。

随着经济的发展，市场体系逐步完善，区域间、企业间在市场占有、产品销售、资源开发等方面的竞争日益激烈，为此，绥化市适时地把农村经济结构向特色经济上做了调整，充分利用区域优势和丰富的资源，大力发展围城、围路、围水的"三围"经济，构筑了瓜、菜、猪、渔、稻五大特色产业框架。1998年，五大特色产业实现产值10亿元，占农业总产值的71%。农业产业结构的合理调整，结束了单一粮食生产的历史，活跃了农村经济，给农民带来了丰厚的回报。合理的产业结构已成为区域经济健康发展的有利保障。

到2000年，全区农作物总播种面积172 755公顷，农业总产值实现231 858万元，比上年增长7.8%。农业内部结构逐步趋于合理，粮经作物面积进一步扩大，非农产业进一步发展，乡企增加值实现4.25亿元，比上年增长12%，种养加比例达到4.5:2.5:3。绿色食品开发力度加大，全区绿色食品面积发展到30万亩，水稻、大豆、马铃薯、蔬菜四大主导产品通过国家绿色食品认证。专业化生产规模初步形成，规模养殖狐狸、肉犬等特色生产专业化村屯发展到380多个。以"区带田"为主体，引进32个新品种，科技推广效果明显，农业科技进步贡献率达52%。新开发了双河牌绿色大米、绥新马铃薯种薯等13个农产品品牌，农副产品销售市场扩展到10多个省市。

2005年，全区农业总产值368 528万元，是1982年撤县设市时的16.4倍，是2000年撤市设区时的1.6倍；农民人均收入3 404元，是1982年撤县设市时的19.6倍，是2000年撤市设区时的1.4倍。经国家绿色食品发展中心认证的绿色、有机和无公害食品基地面积达191万亩。绿色产品呈现出多元化开发势头，十大系列42个产品获得国家认证。全区肉牛饲养量17万头，生猪121万头，大鹅255万只。渔业生产面积16万亩。水稻产业以黑龙粉米为龙头，涌现出双河米业、嘉香米业和阜康米业等精制大米加工群体，水稻加工量30万吨。大豆产业以金龙油脂、东兴乳业、佳地公司为主，推进了食用油、豆奶粉、白豆片和分离蛋白等系列产品的换代和深度开发，加工量10万吨以上。肉牛、生猪产业，以大众肉联为主，生猪日屠宰量1 300头。禽类加工方面，金龙公司年加工肉鸡400万只，雪国公司年加工大鹅150万只。

2008年，农业总产值实现52.4亿元，增长17.7%；粮食总产实现23.2亿斤，增长7.4%；高效经济作物面积发展到68万亩，实现总收入9.8亿元；绿色食品面积逐步扩张，绿色食品和无公害食品认证面积分别发展到了194万亩和50万亩，绿色食品生产总量达到98万吨，增长11%，认证产品62个，增长14%；生猪、肉牛、大鹅饲养量分别达到242万头、26.1万头和510万只，畜牧产值实现24.4亿元，增长29.3%，占农业总产值的46.6%。基础设施建设不断加强，共实施重大工程项目17个，总投资达2.48亿元，特别是投资1.81亿元的"河夹芯子"（双河镇、五营乡、兴河乡、秦家镇、三河镇）国家现代农业水田示范区项目，当年完成投资1.2亿元，对幸福灌区长山支干和兴和灌区各类渠系及配套工程进行了全面改造，新建硬质化渠道55公里，增打改造机电井456眼，架设配套输电线路45公里，平整土地3.9万亩，组建农机合作社21个，投资额度之大、建设标准之高、功能配套之完备，是全省乃至全国少有的，成为现代农业建设的一大亮点。产业化经营深入推进，省、市、区级龙头企业分别发展到7家、13家和17家，农畜产品加工转化率达47%；农民专业合作组织发展到321个，吸纳农民会员3.2万人。全区新农村建设呈现出试点有突破、整体有提高的良好局面，特别是北星村被确定为全省三个重点示范村之一，引带作用和影响力充分显现。当年，北林区荣获全国粮食生产先进县（市）、全国农田水利建设先进县（市）和全省畜牧业生产先进单位荣誉称号，得到了国家和省主流媒体的高度关注和各级领导的充分肯定。

2010年，全区农业总产值实现79.6亿元，增长16.2%；粮食总产实现28.56亿斤，增长18.5%；农民人均纯收入实现7 077元，年均增长15.8%；高效经济作物发展到70万亩，其中烤烟面积稳定在4.6万亩，烟叶税实现2 158万元，特别是设施化蔬菜生产起势良好，投资684万元，新建节能型日光温室52栋，示范引带作用凸显；生猪、肉牛、大鹅饲养量分别达到314万头、25万头和637万只，畜牧产值实现38.6亿元，增长20%，占农业总产值的48.5%；投资8 679万元，实施了"河夹芯子"国家现代农业水田示范区南延工程、中低产田改造、太平川镇土地整理、红旗乡旱田节水灌溉和小型农田水利重点县工程等新建、扩建项目，农业生产条件全面改善，新农村建设成效显著；投资4 306万元，改造修建村屯街路42公里、硬质化排水边沟54公里，新建艺术栅栏5.7万延长米，完成村屯"四旁"绿化美化香化113万平方米，乡村整体面貌极大改观；投资750万元新建改造完善农村社区15个，新农村建设层次进一步提升。

2012年，农业总产值实现125亿元，增长14.2%。粮食总产达41.02亿斤，增长15.2%，实现"十连增"；农民人均纯收入实现9 850元，增长19%。全区绿色食品种植面积达200万亩，共有24个品种获得国家绿色食品标志；玉米、水稻、大豆被国家认定为全国绿色食品标准化原料生产基地；有机食品中6个品种获得国家认证，种植面积1 300亩；无公害食品中86个品种获得国家认证，种植面积110万亩；健康无公害水产品总量达2.7万吨。全区生猪、肉牛和禽类饲养量分别为281万头、28万头和728万只，畜牧产值实现57.7亿元，增长8.6%；投资4 040万元，实施农业综合开发项目19个；投资近8 000万元，实施了节水增粮行动、农村饮水安全、水库灌区改造及粮食产能田间工程等14个项目建设；沿绥兰、绥望、绥北、哈伊等4条主要公路建设现代大农业示范带，打造各类示范园区24个，核心区总面积达到3.95万亩。新建千万元以上现代农机合作社4个；新组建专业合作社42个，总数发展到475个，规模经营面积达到100万亩，占耕地总面积的30.9%。

2015年，全区农业总产值实现132.3亿元，增长12%；粮食总产实现30.7亿斤，比上年增长1.1%，可为中国人均提供粮食约22.8斤，占中国的四十分之一还多，也就是说中国13亿人，每人吃40斤粮食时就有一斤产自绥化。全区各类新型经营主体发展到5 022个，土地规模经营面积达198.8万亩，占总面积的62%；各类畜禽规模养殖场发展到1 800个，规模化养殖比重达74.6%。新建100吨水稻智能浸种催芽车间3处、水稻育苗小区32处、育苗大棚1 040栋；实施了7万亩高标准农田建设、节水增粮行动、水库病险加固、中小河流治理和病险水闸工程维护等重点农田水利工程。

2017年，全区水稻扩大到128万亩，玉米减少到126.5万亩，大豆扩大到42万亩，马铃薯、瓜菜、鲜食玉米等特色经济作物种植面积发展到27.5万亩，继续保持全国产粮大县地位，北林区被确定为全省蔬菜生产重点区。绿色食品面积发展到180万亩，有机食品面积发展到2 000亩。新建畜牧科技示范园区2个、规模养殖场12个，创建国家级示范场2个。打造农业科技示范带5条，辟建科技园区30处，建设"互联网+"高标准示范基地25处，加强和完善了兴和保田、永安鑫诺、正大米业、嘉禾米业等生产基地的农业物联网系统建设。全力打造私人订制销售新模式，订制面积达到3 000亩。北林区首创的"五谷杂粮下江南"宣传推介活动得到认可，并在全市推广。全年开展各类推介活动28场次，签约营销合同22笔，签约金额5.43亿元，央视新闻直播间节目予以了专题报道。

到2018年，全区粮食总产实现25.55亿斤，继续保持全国产粮大县地位。高标准建设千亩以上科技园区12个，辐射引带面积100万亩。落实"三减"面积80万亩。稻米香米业被确定为国家级稻渔综合种养示范区，2处物联网农业生产基地被确定为省级现代科技园区。马铃薯远销迪拜、俄罗斯等国家和地区。新建畜牧科技示范园区2个，创建国家级示范场2个，重大动物疫情得到有效防控。投资2.65亿元购置农业机械3 057台（套），投资1.6亿元实施了呼兰河支流治理、高效节水灌溉工程、高标准农田、黑土地保护利用试点等重大项目。"五谷杂粮下江南"活动在上海、广州等地新开旗舰店7家、门店200余家，销售额超过10亿元。"禾典"大米获第19届绿博会金奖。北林区被确定为全国农业农村创新创业典型县范例。与此同时，北林区首创"五谷杂粮下江南"活动已升级为绥化农产品营销的"金字招牌"，被评为"2018年中国区域农业品牌十大营销案例"。

2019年，地区生产总值实现188.5亿元，同比增长6%；公共财政预算收入实现5.8亿元，增长8.4%；社会消费品零售总额实现119.6亿元，增长6%；规模以上工业增加值增长26%；城乡常住居民人口年支配收入分别实现26 524元和14 842元，均增长6%。

新中国成立70年特别是党的十八大、十九大以来，在中国共产党的坚强领导下，北林区农村面貌发生了翻天覆地的变化。在北林区人民的不懈努力下，我们的家乡已由贫困落后的旧农村一跃成为现代化的新农村。广大人民群众在党的正确指引下，正以更加饱满的热情建设着自己美丽富饶的家园，创造着更加美好的新生活。

二、工业产业成就斐然

新中国成立前由于受日伪统治者的盘剥和压迫，绥化县的工业生产技术落后，设备陈旧，民族工业资本极其单薄，当时仅有粮油、制酒和木材加工等手工作坊，只能生产白酒、镰刀、锄头、锅、铧等。新中国成立后，随着生产的发展和人民生活的需要，城镇工业也相应地壮大起来。先后创办了50余家中小型轻重工业企业和419家社队（镇）企业，形成了以轻工业生产为主的工业体系，生产机床、电子管、小型拖拉机、碾米机、烘干机、实用木工机床、地毯、狗皮服装、狗皮褥子、帆布、啤酒、白酒和乳品等多种产品。其中，实用木工机床、碾米机、狗皮服装、狗皮褥子等产品远销东南亚各国。此外，永安公社制作的菜刀和县地毯厂生产的地毯也在国内各地闻名，北京人民大会堂黑龙江大厅所铺的1.5吨重的黑龙地毯就出自该厂。1949年，全县工业总产值为668万元，到1982年猛增到20 712万元。

党的十一届三中全会以后，通过工业管理体制改革，推进科技进步，使全市工业进入跨越式发展的新阶段。1979年，绥化县扩大了国营工业企业经营管理自主权，实行政企职责分开的试点，取得了较好效果。1981年和1984年，绥化县先后两次对国营工业企业进行扩大自主权，工业领导体制逐步转换为政企职责分开、行业管理和企业自主联合经营、自负盈亏的新型工业领导体制。到1982年，全县工业拥有食品、机械、电子、纺织、化学、建材、电力等12个行业，工业企业发展到49家，其中，全民企业31家、集体企业18家，职工人数增加到22 305人。

20世纪80年代，国民经济快速发展，辖区工业经济进入较快发展时期，大体可分为4个阶段。

计划经济阶段（1983—1989年）。绥化市加快了配套改革的进程。226户企业中，内设机构由2 669个精简到2 310个；有201户企业经营者实行公开招标选聘，打破了厂长终身制；有1 303人被"组合"下来，其中绝大多数经过短期培训又得到了重新安置；全市有59户企业实行工效挂钩，72户企业实行工资浮动，40户企业实行计件工资，采取其他分配方式的55户。通过改革，职工吃企业"大锅饭"的问题得到解决。全市工业经济实现了快速发展、高效运营，产值、利税倍增。1989年，工业各项经济指标创造历史最好水平，实现工业总产值22 080.2万元，销售收入33 951.9万元，利税2 618.6万元。

市场经济过渡阶段（1990—1995年）。推动企业快进市场，参与竞争，尽快强筋壮骨。在企业中开展"提质降耗，挖潜增效"活动，降低生产成本，促进增收节支。转换经营机制，产权改造，扩大进档达标经济责任制范围，推进企业改革进程，全市承包、租赁经营企业达到80%以上；"三大纺织"（亚麻厂、纺织厂、地毯厂）行业也相继投产，增加了经济增长点。开发出天赐康、地板机、旅游鞋、枪刺地毯、手扶拖拉机、北国醇酒、满山红油胶丸等42种新产品。1995年，全市完成工业总产值37 687

万元，销售收入42 175万元，实现利税1 611万元。

市场经济阶段（1996—2000年）。绥化市工业在从计划经济向市场经济转轨的过程中，特别是进入"九五"以后，经过长期的孕育和发展，积累了一定的基础。通过挖掘潜力，发挥比较优势，到市场寻找项目，寻找伙伴，寻找资金，先后兴起一批食品、医药、化工等有市场前景、有市场竞争力的大企业、新企业，保持了一个稳步发展的态势，工业总量得到了逐步壮大。绥化市啤酒厂、制酒厂、小拖厂、水泥厂和制砖厂等一批企业发展成为市域经济的支柱型企业，在经济发展中起到了领航作用。工业经济进入全面发展时期，步入可持续发展的良性循环轨道，实现了超常规发展和跨越式前进。到1998年，全市共有各种经济体制工业企业6 699户，职工总数44 291人（独立核算企业），工业总产值239 831万元，是改革开放之初和新中国成立之初的8.8倍和229倍。全市共有7种工业产品在国际获奖，38种产品获省优、部优奖，16种产品出口创汇。2000年，区属规模以上企业完成工业总产值30 572.4万元，销售收入24 317万元，实现利润2 821.4万元，上缴税金2 095.2万元。

撤市设区阶段（2000—2005年）。部分企业市场经济意识淡薄，思维观念陈旧，管理方法和管理手段相对比较落后，逐渐在市场经济竞争中处于劣势，生产难以为继，被迫淘汰，实施关、停、并、转及破产。到2000年，区属国有农机修造厂等11户企业先后依法破产。其间，通过破后重组、出售、先股后租等多种形式，组建并形成一批非国有企业为骨干的新型企业，纺织行业有继嘉棉麻纺织厂等5户，制药、医药流通企业有黑龙江参美天赐康集团等6户，这11户企业成为区域经济发展的龙头和支柱，新增产值9 500万元，利税1 060万元。在优势骨干企业的拉动下，全区整体经济各项指标大幅度增长。到2005年，全区形成了以食品、医药和纺织三大产业为支撑，粮食、医药、纺织、塑料、食品、机电、建材和服装八大类区域经济体系，有省级经济技术开发区1个，总面积2.7平方公里，基础配套设施齐全。区属规模以上企业完成工业总产值54 697万元，销售收入51 469万元，实现利润3 325万元，上缴税金1 994万元，同比增长14%，创造了区域经济的最高纪录。

2008年3月，绥化经济开发区东富工业园区成立，为承接产业转移，开展招商引资，推进项目建设提供了优良载体和广阔平台。几年来，园区在各级党委政府的高度重视及相关部门的大力支持下，基础设施日益完善，项目承载能力不断增强。目前园区初步形成了以商贸物流、粮食食品、化工建材、服装纺织、光电、农业生产资料产业为主导的发展框架，培育了北方水泥、金龙生物、龙王食品、段氏面业等一批产值超亿元的企业，引进了杰隆生物、晨环制药等高新技术企业，建设了申禄达、营口港绥化陆港、泰华物流配送中心等商贸物流企业。重点骨干企业日益壮大，推动了园区经济的快速发展。截至2012年末，园区累计投入基础设施建设资金1.86亿元，已入驻企业91家，企业完成固定资产投资65.95亿元。园区新开工项目59个，计划总投资203.6亿元，到年末，实际完成投资42.9亿元。园区实现工业总产值21.5亿元，同比增长39.6%，实现销售收入20.2亿元，同比增长36.5%，实现利税2亿元，同比增长33%。

2010年，全区共引进各类项目91个，引进合同资金29.6亿元，到位资金19.6亿元，分别完成年计划的193%和231%。在28个固定资产投资超千万元的项目中，亿元以上9个、5 000万元至亿元5个、3 000万元至5 000万元9个，实现投资18.71亿元，竣工投产22个、在建6个，全部达产年可新增产值37亿元、利税5亿元。骨干企业不断壮大，大众肉联、金龙生物、阜康粮油、嘉香米业、段氏面业、北方水泥等重点企业支撑能力明显增强，全区销售收入超亿元企业达到9户、利税超千万元达到5户。到年末，全区有工业企业1 655家，工业总产值实现22亿元，比上年增长9.7%。规模以上工业总产值、增加值、销售收入和利税分别实现15.7亿元、4.8亿元、14.4亿元和1.35亿元，分别增长11%、25%、12%和34%。

2013年，新型工业突破升级。新建项目数量质量、到位资金、投产率同步提升，引进亿元以上项目增长11.9%、完成投资增长10.8%、项目投产率增长6.3%。新增规模以上企业13户，产值超亿元、销售收入超亿元、利税超千万元企业分别达到17户、9户和5户，规模以上工业总产值、增加值、销售收入和利税分别实现48.4亿元、11.4亿元、38.9亿元和2.34亿元，分别增长58.7%、28.6%、56.3%和41.3%。投资1.98亿元推进东富工业园区基础设施建设，新增建成区面积1.6平方公里，总面积扩展到5平方公里，承载能力明显增强。

2015年，北林区以打造大项目转移开发承接地和大科研院所高新技术推广转化地为目标，把东富工业园区作为加快项目落地的主战场，健全丰富招商引资"八个招法"，实施创新驱动战略，改造提升传统产业"老字号"，深层次开发资源加工"原字号"，加快培育战略性新兴产业"新字号"，发展建设了以物流、轻纺、食品、建材和光电为核心的"五大产业"，实现了产业项目集约经营、集群扩张、集聚发展。全区新开工项目34个，其中亿元以上项目9个，总投资45.96亿元；续建项目14个，总投资22.27亿元。到年末，全区工业企业数量为2 118个，工业总产值实现76.7亿元，比上年增长7.4%；规模以上工业总产值、增加值、销售收入和利税分别实现61.1亿元、13亿元、48.6亿元和2.7亿元，分别增长8.2%、8.3%、8.7%和8.2%。

　　2017年，北林区委、区政府积极实施农区工业化发展战略，围绕农副产品精深加工、亚麻纺织、新能源新材料、现代物流等产业体系，大力开展招商引资，不断加快产业化进程。目前，已形成了以大众肉联、龙王豆粉为龙头的食品产业；以华德袜业、继嘉麻棉为龙头的纺织产业；以圣雅包装、长江塑业为龙头的印刷包装产业；以金龙生物、杰隆生物为龙头的生物工程产业；以北方水泥、润辉商品混凝土为龙头的建材产业，全区工业经济呈现出产业集群、链条带动、总量扩张的发展格局。全年共签约项目76个，开复工产业项目85个（新开工项目74个、复工项目11个），亿元以上项目14个，计划总投资99.8亿元，累计完成投资36.4亿元。新建科技型企业11户，申报高新技术企业2户，规模以上企业发展到55户，规模以上工业增加值增长4.7%。东富工业园区入驻企业达到82户，其中投产企业64户，总产值、销售收入、利税分别实现13.4亿元、13.1亿元、1.2亿元。

　　到2018年，全区坚持依市兴区思想，实行招商引资项目开发并举，培养主导产业和打造骨干企业并重，加速推进规模扩张和结构调整，重新构建了以食品产业为主导，以麻纺、农化、建材、医药为支柱的"1+4"产业格局。目前，全区规模以上企业已发展到55户，其中，食品产业32户、麻纺产业5户、建材产业5户、医药产业2户、农化产业8户、其他企业3户。全区农产品加工企业发展到167户，其中省、市级农业龙头企业分别发展到14家和26家。到年末，全区已建设了象屿金谷、供销天泽、龙王食品、金龙生物、营口港绥化陆港、圣达物流、达昌亚麻、华德纺织、大众肉联、金晟农产品、圣雅包装、东部节水、北方水泥等一批龙头企业，形成了绿色食品精深加工为主导产业，化工建材、生物医药、亚麻纺织、商贸物流等为支柱产业，新能源、新材料和节能环保等为新兴产业的发展框架。同时，在东富工业园区内辟建了光电产业园、食品产业园、化工建材园和商贸物流园等产业园区，致力于把北林区打造成未来的工业产业的集聚中心。

2019年，全区共开复了产业项目40个，其中，亿元以上项目10个，实际完成投资30.6亿元。全区规模以上企业发展到73户，规模以上企业总产值销售收入分别完成61.5亿元和58.5亿元，同比增长24.7%和19.1%。绥化产业园已完成总体规划编制，园区净水厂、污水厂等配套设施建设完成并投入使用。

三、商贸经济日新月异

1945年光复时，绥化县的商业除几百户摊贩之外，商业店铺已寥寥无几，私人商业资金下降到最低水平。新中国成立后，以社会主义国营商业为主体的国民经济不断发展壮大，特别是党的十一届三中全会以来，随着改革开放的不断深化，市场经济的不断发展，绥化市的商贸经济取得了突飞猛进的发展。

1946年刚刚解放时，有私营坐商、行商和摊贩共2 059户，从业人员3 299人。1949年，私人商业者通过集资入股建立起12个集体商场，从业人员195人，共有资金307 520元。1953年开始对私人商业进行了全行业改造，到1956年，绥化县完成了对私人商业的全行业改造，形成了社会主义统一市场。当时的公私合营商业有饮食服务、百货、煤、酒4个行业，从业人员556人。经过行业改造后的商业网点有203家，其中，国营20家、集体148家、公私合营2家（不含门点）、个体33家。"文革"期间，绥化县的商业受到严重冲击，群众购买力降低，社会集团购买力上升。1976年，商业部通过企业整顿，改变了经营方式，全县商业工作出现好转。全年商品销售额为5 772万元，比上年增长50%，亏损单位由15个减少到4个。到1978年，国营商业网点发展到51家，占全县商业网点总数的71%。十一届三中全会后，由于走多元化投资、全方位发展之路，使以国有商业为主体，集体、个体商业多种经营成分、多种流通渠道、多种经营方式并存的商业网点有了长足的发展，出现了经营活跃、购销两旺的可喜局面。

到1982年末，绥化市商业仍延续计划经济体制，企业经营采取统购统销。城市商业网点发展到1 538处，商品销售总额上升到39 735万元，比1956年增加6.9倍。实现利润306.3万元。这时的对外贸易出口额维持在一二百万元。到1983年，对外贸易一举突破千万元大关，达到1 686万元。

1984年，绥化市商业系统开始体制改革，打破企业"大锅饭"和职工的"铁饭碗"。亏损额度多、经营难度大的20家饮食服务业和商业企业的38家小型企业全面放开经营。全市各乡镇供销社推行三河供销社的"集体承包、定额微利、超利分成"的承包经营形式。1985年4月起，废除粮食征购，实行协议定购，即春定秋购。全市粮食销售任务是供应乡镇居民、农村非农业人口和农村缺粮户，以及供应工商行业用粮。全年对外贸易出口额增至4 804万元。

1987年，商业系统全部采取承包和租赁方式。全系统110家国营商业企业中，61家实行了租赁经营、45家实行了承包经营，承包、租赁面占企业总数的96.36%。1988年，开始在百货批发站等21家企业推行效益工资、"三联一挂"工资、全额浮动工资和岗位责任工资4种弹性工资制，打破了基本工资加奖金的系统分配方法。

1991年，百货站和百货一商店开始开展"四放开"，即经营放开、价格放开、分配放开和用工放开的试点工作。百货站开始出售天津天祥牌洗衣机、上海永久牌自行车等交电商品，仅1个月就售出洗衣机400台。1992年，全市商业系统坚持"破铁碗、换金碗，断后路、给出路"的指导思想，全面推行"四放开"，多数企业增加了销售，进货渠道也从国有、集体拓展到合营、外企等多种经营单位，职工工资拉开了档次。

1994年，全市商业系统33家国营预算内企业和5家国营预算外企业开始实行企业产权改造，即股份制。企业产权改造调动了企业全员积极性，增强了企业、职工的竞争意识，确保了国有资产保值不流失，盘活资产330万元，融资25万元，保证了国家税收稳步增长，同时，也给企业创造了由计划经济向市场经济过渡的先决条件和基础。到年末，全市社会消费品零售总额实现88 612万元。进出口总额超亿元，达到12 643万元。

1995年，全市建成各级市场65个，营业面积9.6万平方米，零售网点6.9万个，年交易额2.1亿元。在扩建完善服装、家具、汽车、建材、粮油等专业市场的同时，又投资1 600万元在哈伊公路119公里处，建立了占地4万平方米、建筑面积10 562平方米的大型果菜专业批发市场。市场内设水果、蔬菜、干调三大经营区共180个摊床，交易棚3 360平方米，保温库113个。这吸引了省内外大量的客商，年交易额达亿元，被誉为滨北的"寿光"。1997年，全市商业系统开始扩大经营规模，调整经营结构，变自营为租赁经营。重点机制转换，减少自营，扩大租赁经营，引进个体户进店经营。商业网点的增加和经营规模的扩大，既容纳了企业下岗职工和社会无业人员从事个体经营，又促进了商品经济的发展。到1998年，全市社会消费品零售额实现150 022万元，比1978年增长13.4倍，年均递增14.4%。

到2000年，全区的商业网点迅猛发展到6 000多家。市中心近千米的中兴东路，改革开放前国营的百货、五金、副食、医药等商店不过十几家，总面积不足1万平方米，就是这样一条街，在当时也算得上是一条较繁华的商业街了。当年的中兴东路已发展成有300多家的商业服务网点、8个具有现代化服务设施的大型零售企业，总面积达20多万平方米的绥化人心目中的"小南京路"。改革开放前，北二东路、北三西路、北四西路、南二东路等主要街道两侧的商业网点寥寥无几。而如今街道两侧商家林立，2 000多家商业网点云集在这里，呈现出空前的繁华景象。2000年末，全区社会消费品零售总额实现140 708万元。2000年后，国家经济改革深化，市场经济发展加快，民营、个体经营已成体系，国营企业开始逐渐退出经营机制。

2005年3月，绥化市北林区商务局成立，加大了商务系统国有企业产权制度改革力度，采取兼并、合作、嫁接和出售等多种形式，加快国有企业向民营化、市场化、自主化转变进程。百货公司、糖酒公司、站前百货商店和机电设备公司等企业部分或全部固定资产成功变现。木材总公司被沃必达农业科技开发有限公司兼并，出售了东兴畜牧场、太平站、隆太站、东津站和津河站5个基层单位，所得资金用于职工并轨补助金。11月，商务局所属企业全部改制并轨。全区城乡市场活跃、商贸经济持续繁荣。饮食服务、文化娱乐高档典雅，零售批发、百货商场、连锁经营、现代超市和物流配送等网络配套、功能齐全，建成果菜批发、轻工建材、物资、医药、粮食、汽车、农机、服装鞋帽、小商品及百货商场等各类专业市场102个，其他各类综合市场遍布城乡各地。全年社会消费品零售总额实现195 121万元，其中，批发、零售业实现163 036万元，其他行业实现22 508万元。农村市场活跃，农村消费品零售额实现36 824万元。

2008年，全区民营和商贸经济登上新台阶。个体工商户和民营企业分别发展到19 870户和1 425户，分别增长10.6%和8.8%，民营经济税收实现17 200万元，增长55.6%，占全口径财政收入的

71.5%。商贸流通持续繁荣，社会消费品零售总额实现30亿元，增长17.5%。对外贸易快速增长，全口径进出口贸易总额实现2 900万美元，其中直接进出口贸易总额实现1 099万美元，分别增长15.4%和35%。

2010年，民营企业发展到1 600户，新增84户，有3户进入规模以上行列；个体工商户发展到23 300户，新增1 730户；民营经济税收实现2.7亿元，增长23.7%，占全口径财政收入的64%。商贸服务业日益活跃。华辰集团、泰华医药、新世纪医药、供销百货等大型商贸流通企业运行态势良好，世纪华辰、南方大厦、生产资料连锁配送中心先后投入运营，城乡专业市场和集贸市场需求旺盛。社会消费品零售总额实现38.6亿元，增长20%。对外贸易快速增长。全口径外贸进出口总额实现4 402万美元，其中直接进出口总额实现2 222万美元，分别增长33.4%和62.4%。

2013年，全区商贸物流加速升级。限额以上流通企业发展到20家，营业面积万米以上大型综合商场达到11家，专营一条街发展到16条，各类商业网点发展到21 650家，私营企业和个体工商户分别发展到1 912家和28 560户，分别增长6.1%和6.7%；营口港绥化陆港、商博汇等大型物流项目正在建设，物流企业发展到134家；外贸进出口总额实现7 250万美元，直接进出口总额实现4 637万美元，分别增长20%和28.8%。

2015年，全区各类商贸物流企业发展到157家，新增8家，其中仓储物流企业34家，新增5家。各类商业网点发展到9 095个，限额以上流通企业发展到21家，各类大型市场发展到12个，农贸市场20处，电商企业发展到11家。个体工商户发展到31 475户，新增1 275户；私营企业发展到2 042户，新增60户；民营经济实现税收4.7亿元，占财政收入的60.5%。全年社会消费品零售总额实现851 619万元，增长11.9%。

2017年，在引导华辰集团、泰华集团等龙头企业带动商贸产业持续扩张升级的同时，重点培育了新经济、新业态，加速发展现代服务业。围绕打造滨北最大的现代物流集散中心，落实现代物流业长期发展规划和三年行动计划，加快推进绥化陆港、天泽特货、圣达物流、大成福冷链、象屿粮食等物流项目建设步伐，加速形成特货、陆港、粮食、冷链、商贸、农资、配送、快递八大特色物流集群。全区民营企业发展到2 183户，新增71户，个体工商户发展到33 488户，新增88户，民营经济税收增长13.2%。全区注册电子信息类企业121家，85家企业加入了北林区电子商务协会；创建了全省首家政府自有移动电商平台"寒地黑土e购"，并成功升级为市级平台，入驻企业60家，商品数量达到300余种，产品销往26个省、113个县（市）；研究制订了《北林区做大做强现代物流产业行动方案》，谋划推进了天泽特货物流、象屿粮食物流、营港农资物流、圣达快递物流等重点物流项目，特色物流集群正在形成，全区注册物流企业、货运企业和快递企业分别达到24家、214家和49家。

到2018年，全区电子商务企业发展到205家。民营经济税收实现7.73亿元，增长32%。全区营业面积万米以上大型综合商场达到12个，专营一条街发展到12条，限额以上流通企业发展到18户，中小型物流服务企业达到254家，连锁、配送和电子商务等新兴业态蓬勃发展。同时，编制完成《北林区物流业发展规划》，把发展壮大现代物流业摆上支撑拉动区域经济跨越发展的首要位置，做大做强营口港绥化陆港、天泽特货、圣达物流等大型物流企业，加快推进象屿粮食物流、大成福冷链物流等项目建设，带动特货、陆港、粮食、冷链、商贸、农资、配送、快递八大特色物流集群发展。到年末，全区大中型物流及仓储联运企业发展到50家，物流业营业额实现25亿元，增长25%。

四、科技建市，兴绥富民

科教兴市的核心是把科技第一生产力放到经济发展的首要位置，通过科技与经济的紧密结合，调整和优化经济结构和布局，全面加快区域经济发展和人民致富进程。

（一）背景

20世纪80年代，北林区率先在全省乃至全国提出并实施了"科教兴区"发展战略。1986年初，国家科学技术委员会副主任曾宪林在东北三省科委主任联席会议上，首先提出了"科技建市"这一发展战略构想。3月，黑龙江省科学技术委员会（以下简称"省科委"）主任朱典明来绥化市视察科技工作，并在四大班子会议上宣传这一战略构想及意义，建议绥化市作为实施科技建市战略的试点市。绥化市委、市政府做出实施科技建市的经济发展战略，并向省政府请示，省政府同意将绥化市列为省科委的科技重点联系市，希望成为全省的科技示范市。7月7日，绥化市委、市政府在全市科技工作会议上向全市人民郑重宣布实施"科技建市，兴绥富民"发展战略的重大决策。

1987年11月，市政府印发《绥化市科技建市工作纲要》，详细指明科技建市的基本内容、目标、科技发展的重点领域等。科技建市的基本内容是：科技、教育、经济和政治体制改革同步进行，科技、经济和社会协调发展，取得最佳的经济、社会和生态效益；开发潜力，培养人才，提高全民的科技文化素质，保证经济、科技和社会发展等各方面人才的需要；研究、开发、引进新技术，推广科技成果，提高生产力；改造传统产业，开拓新兴产业，调整产业结构，加速产业结构现代化；发挥科学技术在精神文明建设中的作用。科技建市的阶段目标是：到2000年，科技进步因素在国民经济增长中所占比重达到60%~65%，全市人民生活实现小康。战略的实施，为科教兴省战略方针的实施做了思想准备，提供了模式，省政府做出"绥化的科技建市要在先于全省的基础上高于全省"的要求。绥化市实施科技建市战略的尝试，在全国产生了积极的影响，国家科委做出"绥化市的经验对黑龙江省乃至全国都有借鉴意义"的高度评价。

（二）实施

1986年至1989年，绥化市正式确立科教兴市发展战略后，完成了科教兴市工作理论准备、战略模式转轨变型、典型试验示范的起步阶段的目标任务。

1990年，绥化市在科教兴市的实践中总结出建立健全科技决策、科技管理和科技综合服务体系，实行"八委"（科委、教委、农委、经委、计委、财贸委、乡企委和体改委）主任科技建市例会制度，主干线抓、抓主干线，增加科技投入及"三全"（在领导力量上搞全员发动、在协调指挥上搞全方位配合、在组织实施上搞全过程落实）、"四制"（市级领导抓科技工作的议事工作制度、责任区制度、综合部门例会协调制度和干部岗位目标考核制度）的科教兴市推进方法，引起省内外的关注。

"八五"期间，科教兴市进入调整优化生产力结构和布局、强化科技成果转化力度、加快振兴区域经济的协调发展阶段，突出科教兴农、科教兴企和振兴教育三个重点。

"九五"期间，科教兴省步入正常轨道后，特别是党中央、国务院做出实施科教兴国战略后，绥化市原有的优势已不明显。针对科教兴市起点高、深层推进难度大的实际问题，绥化市确定了科教兴市工作要在巩固原有成果的基础上加大推进力度，围绕发展"两高一优"（农作物的高产、高效和优质）农业，提高企业经济增长的质量、效益和向可持续发展目标迈进的主题，把工作重点转移到体现阶段性形象化成果上，提高科教兴市显示度的新思路。工作重点是：以实施标志性工程为主，着力引导和推动市域经济走上依靠科技进步和提高劳动者素质的轨道上。突出基础产业促推广，发展"两高一优"农业；强化主导产业搞开发，提高企业经济增长的质量和效益；促进社会发展抓引带，向可持续发展目标迈进。

2000年后，北林区贯彻党中央"加强技术创新，发展高科技，实现产业化"的指导方针。全区科教兴区的基本思路是：全面落实邓小平同志"科学技术是第一生产力"的思想，认真贯彻科教兴国战略，以全国技术创新大会、教育工作会议和全省科教兴省大会精神为指导，以深入实施传统产业技术改造工程、现代农业科技工程、社会发展科技工程和人才培养工程为重点，大力开展群众性的技术创新活动，提高经济增长的科技含量和质量效益，努力实现"两个根本性的转变"，为振兴区域经济做出应有的贡献。工作重点是：以全面建设小康社会为目标，依靠科技进步，调整优化经济结构，加大对传统产业的改造力度，在医药、食品、纺织、机电、化工、建材和饲料等支柱产业、主导产业、潜在产业实施和推广若干关键技术，增强高新技术的辐射力；构建完善的科技创新体系，即以企业为主体的技术开发体系，以大专院校、科研院所为依托的研究开发体系和以科技服务中介机构、生产力促进中心为主，面向中小企业的科技服务体系，增强科技持续创新能力；培育新的经济增长点，发展壮大高新技术民营科技企业群体；围绕农业产业结构调整和产业升级，组织实施一批重大农业科技攻关项目，推进绿色食品生产多元化，突出抓好大豆、水稻、畜牧、马铃薯等产业链条的延伸，加快农业产业化步伐；开展社会领域科技攻关，推动社会可持续发展。

（三）成果

自1986年科技建市开始，特别是"九五"以来，在省、市的正确领导下，在上级相关部门的精心指导下，在全区人民的积极努力下，北林区的科教兴区工作经过理论准备、运筹规划、起步运行和协调推进等阶段性发展，取得了较为理想的成效。科教兴区战略日益深入人心，全民的科技意识明显增强，树立起了科学思维、科学决策、科技进步、科学管理和科技教育的大科技观念，形成了尊重知识、尊重人才、学科学、用科学的社会风尚。科技对经济和社会发展的巨大牵动作用已经在各行各业、各个领域中凸显出来。全区综合经济实力明显增强，科技在经济增长中的贡献份额明显增加，新技术覆盖面明显扩大，社会事业发展步伐明显加快，人民生活水平明显提高。北林区相继跨入"科教兴省试点市"和"全国科技工作先进市"行列，并先后荣获全省科技兴农示范市、全国科技工作先进市、全国科技成果推广先进市和全国科技实力百强市称号。

1.经济发展成果

"七五"（1986—1990年）期间，全市实施的科技项目共增加产值2.86亿元，增加利税6 500万元，超出预计的10%。承担的"优质烤烟大面积综合栽培技术试验"项目，通过引进优质的烤烟品种及先进的烤烟种植技术，种植面积达3万亩，总产量达10万担，实现产值1 500万元，利税50万元，增收280万元。1989年，黑龙江参美制药有限公司与黑龙江省石油化工研究所联合，共同研制开发以黑加仑种子油为主要原料的防治心脑血管疾病的新药——天赐康（黑加仑油软胶囊），并被列为黑龙江省"八五"期间重点科技攻关项目，攻克了工业化生产的12项工艺技术难题，填补了国内空白，达到了世界同类产品的先进水平，荣获第二届中国科技之星国际博览会金奖，企业荣获全国五一劳动奖章。

"八五"（1991—1995年）期间，全市实施科技项目共增加产值8.06亿元，增加利税1.5亿元，增产粮食6.1亿公斤，超出计划指标的0.9%。列入黑龙江省星火计划和国家"八五"重点星火计划支柱产业开发项目的星火渔业"6 624"工程（通过6年时间，建设6个开发区，到2000年末，水产品产量达到2万吨，水产综合产值实现4亿元），成为全国第一个通过国家星火区域性支柱产业评价指标验收合格的项目。1994—1998年，绥化市连续5年被评为全省渔业生产先进市。1992年，经省科委专家组检查，绥化市各项创建指标均达到省级先进标准，被评为省级科技兴农示范市。农业先进技术覆盖率达84%～96%。1994年，绥化市被评为全国科技工作先进市及全国农业技术推广先进单位。

"九五"（1996—2000年）期间，全市实施的科技项目共增加产值20.64亿元，增加利税3.82亿元，增产粮食9.6亿公斤，超出计划指标的8%。1996年，承担的"九五"科技攻关重中之重的"大豆大面积高产综合配套技术研究开发与示范"项目，绥化市是全国6个核心试验示范区之一，总面积达50万亩。1998年，经省科技厅组织的专家实地复测，确认50万亩大豆平均亩产实现179.4公斤，比项目实施前3年平均亩增产31.2公斤，超出计划指标6.2公斤；6万亩重点示范区平均亩产实现224.8公斤，超出计划指标 6.6公斤；2 000亩高产样板田实现256.3公斤，超出计划8.1公斤；黑龙江省农科院绥化市农科所种植的15亩超高产攻关田平均亩产296.6公斤，绥化市农业技术推广中心种植的46亩超高产攻关田平均亩产274.8公斤，分别获得全省大豆高产攻关二等奖和三等奖。1996—1999年，绥化市跨入全国农业科技实力百强市先进市。

"十五"（2001—2005年）期间，北林区实施的科技项目共增加产值11.2亿元，增加利税2.23亿元，增产粮食5.4亿公斤，超出计划指标的11%。其中，黑龙江省天赐康制药有限公司承担的"天赐康牌中药二类新药黑加仑油软胶囊"项目，实现规模化生产。2002年10月，该产品获得国家中药二类新药证书。2004年，通过GMP认证，年产量达3亿粒，实现产值8 100万元，利税2 000万元，并荣获第二届中国科技之星国际博览会金奖，企业荣获全国五一劳动奖状。

2.社会事业成果

1991年，全市普通教育、成人教育和职业教育协调发展，绥化市被省政府命名为改善办学条件先进市。1992年，全市农民培训人数达12万人次，职工培训人数达36 100人次，智力障碍儿童入学率达100%。1994年，全市高考录取人数达1 075人，创历史最好水平。1996年，全市"两基"（基本普及九年义务教育和基本扫除青壮年文盲的简称）工作被国家评为先进市。计划生育宣传工作跨入国家先进行列，计划生育率89.2%，人口自然生长率控制在9.5‰以下。卫生工作在医疗水平、医德医风上有了提高和改进，农村卫生工作推行管理新模式，全市60%的乡镇、56%的村实行合作医疗制度，受益人口35.5万人。防疫工作再上新台阶，卫生保健新模式不断完善，全市人民健康水平有新的提高。文化市场坚持"一手抓繁荣，一手抓管理"的方针，"扫黄打非"工作成果显著，因此绥化市被评为全国文化模范市。1998年，全市总投资1 124万元，新建、改造和扩建卫生院所12 000平方米，其中，1 070万元被用于新建1万平方米绥化地区最大的综合性门诊大楼。计划生育工作强化依法管理，全年人口自然增长率控制在8.3‰以内。

2000年，素质教育示范区创建活动取得了实质性进展，"两基"教育成果得到进一步巩固和提高，区乡两级共投入1 890万元，对13所中小学进行了翻建、扩建和维修，改善了办学条件。2005年，全区公共卫生和社会救助体系进一步完善，改造并恢复了四方台镇卫生院，创建社区卫生服务机构14个，服务人口达到14.5万人，覆盖率达到60%以上；投资700万元新建可容纳620人的北林区中心敬老院。2007年，全面落实义务教育经费保障机制，免除城乡中小学学杂费、减免书费和补充公用经费不足共计3 447万元，发放寄宿生补助金312万元。全面推行新型农村合作医疗，参合农民达到37万人，参合率达到88%，减轻农民就医负担882万元。2010年，维修改造中小学校舍35所，建成乡镇综合文化站5个，完成了秦家卫生院建设，实施了新型农村合作医疗、城镇居民基本医疗保险扩面和城乡低保提标，特别是高标准实施了城市养老服务中心和谭家屯灾后移址新建工程，得到了上级、社会各界的高度赞誉和广大群众的一致好评。

2012年，新建、维修校舍18所，改建幼儿园28所，新增国标专用校车36台；启动实施了区第一医院门诊综合楼建设，同步推进了村卫生所标准化建设，乡镇卫生院及城市社区卫生服务中心药品全部实行零差率销售；实施了全民健身工程，群众体育活动蓬勃开展；推进了餐饮服务食品安全量化分级管理，建成了全市唯一一条省级餐饮服务示范街；新建农村饮水安全工程40处，解决了6.85万人的饮水安全问题。2015年，累计投资1.8亿元，新建扩建校舍22所，维修校舍55所，新建标准化幼儿园10所；累计投资6 400余万元，新建改建扩建县级综合医院1所、乡镇卫生院5所；累计投资320万元，建设中心村文化广场27个，全民健身工程实现全覆盖。

2017年，高标准完成义务教育发展基本均衡县国检验收任务。新建、扩建、改造校舍11所，为38所学校购置了教育教学设备，招聘大学应届毕业生48人；改造乡镇卫生院2处，为348 926人建立了电子健康档案，为95名农村白内障患者免费实施了复明手术；修建文体设施和场所66处，维修改造了东津精神病院，并在四方台镇启动了全民健身活动中心建设。

到2018年，全区投入9 434万元，新建扩建校舍项目6个，维修学校49所，为49所学校购置教育教学仪器设备，严厉查处了教师"三违规"等问题；投资800万元，修建农村公路危桥10座；投资329万元，维修6所乡镇卫生院和区第五医院；新增就业6 500人，失业率控制在3.7%以内。

3.城乡建设成果

1986年至1991年，绥化市城市建设以完善基础设施、强化服务功能为重点，实现"两个突破"（道路建设实现新突破、排水设施实现新突破）、"三个加快"（加快水源地工程建设、加快站前广场改造、加快人民公园建设）和"四个改善"（改善居住条件、改善环卫设施、改善街路照明条件、改善市容市貌）。1986年，新建中直南路柏油路940米，面积为11 360平方米；新建人行步道板5 372平方米；铺设北林路两侧步道板6 000平方米；维修柏油路面83处、984平方米；维修南城、东直等砂石路57 000平方米；维修站前广场15 000平方米，共栽绿篱3 150延长米，植草坪2 000平方米。新建中直南路和铁路排水干线4 220米（包括铁路建设3 980米），新建中直南路、中兴西路过道管420米，排水沟清淤9 500米。

1992年，新修主干道混凝土路10条，维修次干道路17条，铺设下排水管道10条，新建房屋面积30万平方米。全市安装程控电话3万部，移动电话系统安装开通。全市各乡镇共修道路690公里，道路铺装率达72%，道路维修完好率达90%。农村新安装自来水612户，受益人口占29%。

1996年，投资5 272万元，铺设巷路白色路面11条，新建和改造供、排水管线8 350米，修筑绥望、哈伊和市内一二级白色路面37.7公里，增设公汽专线4条。小城镇和农房建设总投资34 600万元，农村住房砖瓦化率达55.3%，增长5个百分点。绥化市连续6年获全省城市建设先进市。

1998年，全口径投资1 027万元，完成站前广场大修、北城西路罩面、供水管网改造、广告灯箱安装、商业街改造和园林绿地建设等8件实事。哈绥高速公路全面开工，公路网化建设完成修筑绥北路二级白色路面14公里，被省交通厅公路局评为优质工程。

2000年后，全区城市主次干路进行分类维修，绥肇路绥兰段白色路面开通。新建标准化小区10个、休闲娱乐广场5处，美化和绿化主要街路、站前广场和秀春园等重点区域。

2005年，全区小城镇建设总投资8 790万元，乡村主要道路铺装白色路面3.6万平方米，铺设供、排水管线76 600米，砂石铺装和硬质化覆盖率达98.7%。永安镇饮水解困工程投资242万元，完成远距离输水管线铺设，解决全镇7 000人口的饮水问题。改善乡村居住环境，新建农房103.4万平方米，住宅示范小区6个，样板房一条街39条。

2008年，全区村镇基础设施建设总投资6 310万元。铺装白色路面70.29公里，总面积4.4万平方米，铺装砂石路面100.1公里，总面积70.4万平方米。新建通乡村公路384公里；投资1 380万元，完成农村安全饮水工程55处，解决了5.3万人饮水安全问题；投资400万元，新建户用沼气池1 600个；投资340万元，建成特色文化广场、农民公园17个；投资1 380万元，完成了新华、太平川小城镇道路综合改造；投资621.5万元，实施了四方台小城镇改造一期工程。全区新农村建设呈现出试点有突破、整体有提高的良好局面，特别是北星村被确定为全省3个重点示范村之一，引带作用和影响力充分显现。

2010年，投资4 306万元，改造修建村屯街路42公里、硬质化排水边沟54公里，新建艺术栅栏5.7万米，完成村屯"四旁"绿化美化香化113万平方米，乡村整体面貌极大改观；投资750万元新建改造完善农村社区15个，新农村建设层次进一步提升。用于公益性设施建设资金3 700万元，建成卫生院综合楼1栋，中小学校舍9栋，乡村文化活动中心7处，建筑面积1万平方米。

2012年，建设标准化公交站点34个，安装出租车计价器2 344台，装修、改造社区办公场所7处，绿化美化香化8.6万平方米。筹资3.8亿元，重点打造了朝阳村、张维村等10个星级新农村建设示范村，同步推进了四方台、西长发、张维等中心集镇和其他村屯改造建设，修建硬质化道路47公里，新建社区服务中心2个、一体化栅栏1.3万米，改扩建村级活动室4个、休闲广场6个，改造泥草房24万平方米，绿化美化香化97万平方米。全区小城镇镇内硬化道路里程达到176.06公里，硬化率达到68%，镇内自来水普及率达到100%，人均公共绿地面积达到22.6平方米。

2015年，全年投资21.6亿元，重点实施了东湖壹号、恒业城尚城等5个棚改项目，占地总面积33.1万平方米，征收面积22.5万平方米，开发建设面积72.8万平方米。多方投入资金6.3亿元，启动了10个重点镇、12个示范村、36个达标村、15个基点村的美丽乡村建设，建设住宅楼45栋。改造泥草房1 280户，改造危房4 237户。

2017年，重点加强了5个中心集镇、14个达标村和两条示范带改造升级，硬化街路97公里、路肩路沟150公里，安装路灯778盏，修建栅栏围墙1万延长米，铺设自来水管线3.8万米。改造农村公路危桥6座，建设农村公路260公里，开通农村公交线路11

条。高标准打造了绥东、绥兰、绥望3个出城口绿化景观带和70个村屯绿化香化样板。中央和省环保督察问题整改率达到100%。完成了秸秆综合利用整县推进试点项目，全区秸秆综合利用率达到65%，实施黑土地保护工程10万亩，植树造林4 500亩。

2018年，全区开展市容秩序专项整治25次，整改各类安全隐患850余处；完成了铁路、中铁22局、中国联通、中国邮政、绥化烟厂"三供一业"分离移交签约工作。投资694.8万元，使全区7个村的1 375户农民用上了新式厕所，建成日处理量200吨污水处理站1个，建设垃圾无害化填埋点4个，兴和乡整乡推进"厕所革命"试点得到市委肯定。组织区、乡、村三级河长巡河1 294次；办理中央环保督察组交办案件36件。秸秆"五化"利用率达到86%。

回顾过去，在建设富裕、和谐北林的实践中，全区人民以"团结、务实、开拓、争先"的北林精神，在这片广袤的土地上写下了辉煌壮丽的篇章。展望未来，党的十九大的胜利召开，为科学发展、和谐发展、加快发展提供了广阔舞台。北林区以习近平新时代中国特色社会主义思想为统领，深入实施工业立区、农业强区、商贸活区、科教兴区战略，积极转变经济发展方式，夯实现代农业发展基础，打造农区工业化发展框架，提高项目经济发展质量，浓厚全民创业氛围，加速推进农区工业化、农业产业化、商贸民营化、农村城镇化建设进程，全面开创富裕和谐北林建设的新局面。

五、脱贫攻坚结硕果，小康路上再出发

新中国成立以来，北林区的经济持续发展，特别是改革开放四十年来，北林的经济和社会进步更是取得突破性的发展。但是，全区仍有部分村的经济发展滞后，特别是部分老区村的经

济发展滞后更为明显，全区68个老区村，其中贫困村就有27个，有建档立卡的贫困户3 154户，共5 977人。并且，每年都有一些人由于各种原因返贫。解决贫困问题一直是困扰各级党组织和干部的大难题。尽管进行了大量工作，但依然成效甚微。党的十八大以来，党中央从全面建成小康社会出发，把扶贫攻坚工作摆在治国理政的突出位置，全面打响脱贫攻坚战。党的十九大后，党中央又把打好脱贫攻坚战作为全面建成小康社会的三大攻坚战之一。这为北林的发展带来了新的机遇。全区上下闻风而动，雷厉风行。6年来，脱贫攻坚力度之大、规模之广、影响之深，都是前所未有的。扶贫攻坚战取得了阶段性的成果。目前，全区21个老区贫困村有17个村、2 044户、3 932人已脱贫，还有1 110户、2 045人没有摆脱贫困，其中多数是贫中之贫、困中之困的硬骨头，必须着力解决。几年来，北林区重点从3个方面入手，深入脱贫攻坚。

（一）提高政治站位，强化责任落实

一是落实党委政府的工作责任。党中央关于脱贫攻坚的号召，如催征的战鼓、冲锋的号角，激励着区委和政府以及全区各级干部全力攻坚。先后制定下发了《北林区关于打赢脱贫攻坚三年行动的实施细则》《市区领导包扶40个贫困村责任清单》《北林区结对帮扶实施方案》，多次召开会议，强力推进脱贫工作。印制了《脱贫攻坚应知应会》和《脱贫攻坚情况汇总》两本小册子，举办大型扶贫干部集中培训7次，培训2 735人次。二是落实业务部门责任。对照行业扶贫任务，分别制定出台配套实施方案，集成扶贫政策，认真组织实施，努力形成合力。产业扶贫办公室制定了《2018年北林区村级光伏扶贫电站收益资金分配办法》，明确了村级光伏收益分配原则、标准和流程；卫健部门制定了《北林区贫困人口大病专项救治工作实施方案》，规范贫困

人口大病救治具体实施方案；民政部门制定了《北林区加强农村最低生活保障制度与扶贫开发政策有效衔接工作实施方案》，促进了"两线合一"政策的落实；卫健、人社、民政等部门联合制定了《北林区农村贫困住院患者区域内先诊疗后付费结算机制工作实施细则》，推进"先诊疗、后付费"政策落实。三是落靠驻村帮扶责任。区委、区政府修订了《北林区定点驻村工作队管理办法》，进一步细化调整了驻村工作队管理考核内容和方式，向贫困村派驻工作队40支，选派120名政治素质高、工作能力强的党员干部驻村帮扶，驻村时间在240天以上。2018年，北林区驻村工作员协调筹集资金2 297.5万元，打深水井2处，维修硬化道路80.636公里，修建文化广场11个，村级卫生所3个，建幸福大院3处，为149户贫困户维修翻建了住房。

（二）聚集精准发力，压实具体措施

一是抓住产业扶贫不放，在光伏产业上，投资1 459.7万元建设总容量2.5兆瓦的村级光伏电站19个，带动贫困户951户，户均增收800元；投资2 964.5万元在19个乡镇建设总容量5.72兆瓦的分布式光伏扶贫发电项目140处，带动2 997户贫困户，户均增收1 000元。在龙头企业（合作社）带动下，为参与扶贫的29户龙头企业争取贴息贷款3 640万元，与2 110户贫困户建立了长效利益连接机制，户均增收955元；组织1 380户贫困户将12 301亩土地流转给合作社统一经营，户均增收450元；组织571户贫困户与合作社签订畜禽代养或订单收购协议，户均增收626元。在庭院经济上，深入开展"我在农家有亩园"活动，组织1 854名干部与贫困户结成"一对一"帮扶对子，发展庭院经济，户均增收740元。二是发挥金融扶贫作用。基本完成贫困户信用等级评定工作，累计为1 649户建档立卡贫困户发放小额扶贫贷款1 944万元，贴息61.5万元，户获贷比达到27.9%。三是用就业带动扶贫。

先后举办二次企业用工招聘会和一次村级创业致富带头人培训班，组织贫困户域内外务工和通过开发公益性岗位安置1 477人，实现人均收入6 700元。四是深化教育扶贫。发放贫困生补助金38.04万元，受助贫困学生280人次。义务教育阶段学生全部免除学杂费和书本费，达到义务教育阶段无一人因贫困辍学。五是大力推进健康扶贫。落实贫困户住院新农合报销、商业保险二次报销、低保二次报销、大病救助、重特大疾病救助和特别医疗救助6项政策，贫困户住院费用系统内报销比例最高达到95%以上；为全部贫困人口统一支付基本医疗保险费；开展慢病动态筛查，对符合标准的贫困人口全部纳入慢病医疗救助范围；落实了免费健康体检、签约服务、义务巡诊、先诊疗后付费等医疗扶贫措施，有效地减轻了贫困户看病就医负担。六是综合保障全覆盖。全区建档立卡贫困户中享受低保的10 939人，特困供养705人，共发放低保金2 122.5万元，特困供养金391.6万元；为418户贫困人口发放临时补助资金72.7万元；为899户16 008亩自主经营承包田办理了农业保险；统一为建档立卡贫困人口办理意外伤害险，实现了贫困人口全覆盖。七是全面实施危房改造。投资2 914万元，改选C、D级危房1 475户。八是实施安全水饮用工程。投资7 617万元，解决158个屯14.78万人、1 492户贫困人口的安全饮水问题。九是加速推进基础设施建设。投资1 618万元，为7个乡镇8个贫困村修建屯内水泥路42.3公里，40个贫困村道路全达标。投资315万元，建设21个贫困村文化广场并完善文化活动室的配套设施，实现了40个贫困村文化广场和文化室全覆盖。

（三）突出关键环节，实施强力推进

一是全面完成年度脱贫任务。北林区2018年实现8个贫困村出列、1 024户、2 019人脱贫，超额完成8个贫困村出列、1 950人脱贫任务，累计达到34个贫困村出列、3 862户、7 907人脱贫，贫困发生率降到0.69%。二是认真开展动态调整。2018年末，北林区对突发疾病、突发自然灾害等原因，新识别纳入建档立卡贫困人口39户、70人；对新生、户口迁入、刑满释放等18人，自然加入建档立卡；对死亡、婚嫁等76户307人，自然退出建档立卡。三是稳步实施扶贫项目。全面规范扶贫项目建设，制定了《关于完善北林区脱贫攻坚项目建设实施方案》，编制了《脱贫攻坚项目清单》。2018年，入库项目246个，涉及资金规模65 443.64万元，同时在项目资金管理上，出台了《北林区扶贫资金项目公告公示制度实施方案》，保证资金使用有章可循。四是积极整合社会扶贫力量。深入开展"百企帮百村联万户"活动，设立企业帮扶热线电话和信息平台，形成了社会组织、各界人士等参与脱贫攻坚"大扶贫格局"，收到了较好效果。2018年，民营企业直接投入资金114.3万元，资助贫困学生64人，资助贫困群众558户，安排劳务就业340人，建立了扶贫爱心基金。五是切实强化行风整治。深入开展作风专项整治，制定下发了《关于开展扶贫领域腐败和作风问题专项治理的工作方案》和《关于开展全区扶贫资金管理作用情况专项检查工作的通知》，利用近两个月的时间，对扶贫办、产业扶贫办等9个职能部门和涉及单位进行专项检查，共抽查扶贫资金管理使用项目11项，对发现的问题依规依纪进行了处理和整改。严格督办考核，严格执行《北林区脱贫攻坚问题整改工作督查方案》和《北林区脱贫攻坚问题整改检查验收细则》，成立脱贫攻坚问题整改工作领导小组，并制订整改工作方案，对中央及省市发现的问题和自查发现的问题建立整改台账，落实责任主体和整改时限，建立防止反弹的长效机制，整改完成率达到100%。

北林区的脱贫攻坚取得了很大的成绩，但仍有一些问题不容忽视，一部分人缺乏自力更生的思想，依赖国家，"等、靠、要"的思想严重；一些人思想守旧，缺乏创市场、参与市场竞争意识；多年形成的农业基础设施落后，对脱贫产业支撑力度不足；部分干部满足已有成绩，产生了歇歇脚、等等看的观望情绪。

区委、区政府认识到，扶贫攻坚工作依然任重道远。实现全面小康的道路很长，工作任务艰巨，必须组织干部群众反复、深入地学习习总书记的一系列讲话精神，不断提高认识。只要以紧紧依靠习总书记讲话精神为统领，坚定信心不动摇，咬定目标不放松，落实责任不松动，转变作风不懈怠，以饱满的热情、顽强作战，一定能够打赢脱贫攻坚战，解决"两不愁、三保障"问题，如期同全国一道建成小康社会。

第二节　三位全国劳动模范

1.高凤志

高凤志，1924年出生于黑龙江省巴彦县朱喜仁屯一个雇农家里。祖祖辈辈靠给地主扛活维持生计。

9岁时，父亲给地主赶车被轧死，为了顶债，他被迫去给地主放猪。12岁当半拉子。15岁时，投奔亲属把家搬到绥化县陈老嘎屯（现兴福镇），给地主扛半拉子活。1942年冬，刚满18岁的高凤志给地主赶车轧坏了脚，被地主赶回家去，一家人生活无着落，妻王荣四处讨饭度日。

1946年至1947年土地改革时，高凤志被选为贫农代表。在

"土改"工作队领导下，他不分昼夜，带领受苦人斗地主分田地。1948年4月，高凤志光荣地加入中国共产党，不久担任了六合村的党支部书记。

1949年，刚组织起互助组时，高凤志当村长，工作繁忙，组里有人担心他干不了多少活，可他起早贪黑，老婆、孩子都下地劳动。秋后结账时，别人反倒欠他的工。

1950年，党号召干部参加生产，领导生产。为了工作、劳动两不误，他白天劳动，晚间工作。有时晚上开会开到鸡叫，他赶回家吃口饭，就跟大伙下地干活。春季的一天，他的眼睛熬红了，歇憩时，在地头睡着了。大家起来干活不忍心叫醒他，当大家铲出老远回头一看，六头老牛从高凤志身边连蹦带跳地跑过去，人们惊叫着："可别把老高踩扁了！"可跑到跟着一看，老高仍睡得正香。有人说："真是个铁孩子！"从此，"铁孩子"高凤志的绰号就传开了。

就在这一年，他领导六合村农民创造了谷子丰产的全国纪录，被选为省、县特等劳动模范，出席了全国战斗英雄、劳动模范代表大会，第一次见到了毛泽东。

他每次出席劳模会回来，总是把所得奖品分给和他一起工作劳动的伙伴，他说："六合搞得好，是大伙的功劳，大伙的荣誉，不是我个人的。我能有今天是党的培养和群众的帮助的结果。"

1956年老高要去北京参加全国政协会议。他的妻子王荣劝他做一套新衣服，好去见毛主席。可老高说："你把我的衣服洗干净就行，毛主席最喜欢朴素的人。"在参加政协全国委员会议期间，高凤志代表农民向毛主席报喜，当毛主席和他握手时，他却激动得一句话也说不出来。宴会开始，他借给毛主席敬酒机会，走到他跟前，激动地说："毛主席，我向您保证，我永远也不自满、不骄傲，永远响应党的号召，永远做一个农业生产的带头人。这杯酒敬毛主席身体健康！"毛主席笑着对他说："好，好，好！"

有的青年向他提出："高支书，你常到外地开会，到各小队检查工作，买辆车子骑多方便，买块手表方便看时间。"老高笑了："骑车子戴表能赶大车、刨大镐吗？"高凤志的房子是土改时分的老房子，东倒西歪得不像个样子。大家商量要给他盖房子，可一连3次，他都把房木让给社员了。

老高由于整天在外劳动、工作，不能按时回家，但他也从不在社员家吃饭。对外地来参观、上级来检查指导工作的同志，高凤志总是热情接待，可从不陪吃，所以他的妻子王荣只要老高不外出，总是在锅里坐着一碗饭。县文化馆同志写了个二人转《一碗饭》，在《黑龙江演唱》上发表，赞扬老高的清廉品德。

老高当干部以来，从没妄花公家一分钱。有时去绥化公出办事，怀揣两个苞米面饼子，早上去，晚上回来。每年年终结算，他都为公家省不少旅差费。在他的影响下，大队公出的人都尽量少花钱，把省下来的钱交还公家。

1959年夏天，在兴福公社卫生院治病的老人毛义明病情突然恶化，需要尽快送往县医院抢救，老高闻讯后，急急忙忙地从五六里地的六合大队赶到卫生院，这时客车已经过去了，老高就在当地借了一辆马车，亲自送毛义明老人去绥化。途中病人要喝水，老高就从路过的村里要来一碗开水，用小勺一下又一下地喂到病人嘴里。道路不平马车颠簸，老高就把病人抱在怀里……毛义明老人临终前在昏迷中还说："老高……我儿子也没……这样侍候过我！"

六合一队有一位六十多岁的五保户于大娘，她闺女在隆太公社住，三番五次来接她，她也不去。实在没法，她闺女把她东西装上了车，可于大娘硬是坐在锅台上不让拔锅，她说："我哪也不去，这里有高凤志，高凤志就是我的儿子！"

六合三队保管员刘景和，是土改前不久带着老婆孩子逃荒到六合来的，不幸他的妻子病了两年没下地，她病危时用颤抖的手指了指东方（高凤志住在东屯），断断续续地对刘景和说："我死后你哪也别去，有高支书，比一家当户强，你就带着孩子过吧……要靠高支书啊！"

1960年秋天，老高的大儿子要结婚了。老高主张节约办婚事。结果新婚夫妇到绥化照张相，吃了顿饭，只花了15元钱就结婚了。

1970年8月，高凤志随同省参观团去旅大参观，因食物中毒，全团人处在危险之中，在生与死的紧要关头，在有限的时间里，他首先想到的是其他同志，自觉地担负起抢救遇险同志的指挥任务。医护人员来给他检查处置，他谢绝了："我不要紧，先抢救其他同志！"在高凤志的指挥下，全团同志得到及时的抢救全部脱险，然而，高凤志却由于时间拖得太长而无法救治。1970年8月18日，高凤志生命弥留之际还念念不忘同志们："都抢救过来了吗？"当他得到肯定答复后，笑了，手扶着墙慢慢地倒下去了……

高凤志生前曾任全国政协委员、黑龙江省革命会常委、省贫代会副主任、中共绥化县委委员、兴福公社党委委员、六合大队党支部书记。参加革命24年来，14次进京，9次见到毛主席。早在五十年代，著名作家安波到六合村体验生活，写了《春风吹到诺敏河》电影剧本，后被搬上银幕；高凤志牺牲后，《黑龙江日报》报道了他的事迹；黑龙江人民出版社出版了十余万字的《高凤志》故事集，印刷36万册发行全国。

2.王喜明

王喜明，全国劳动模范，全国人民代表大会第一、二、三届代表，绥化县民吉公社七一大队党支部、党总支书记，生前11次进京，11次见到毛主席。

王喜明，1913年生于绥化县四方台孙家沟屯，出身贫苦，青少年时期给地主扛活。

1946年至1947年，王喜明带头参加土地改革运动。1948年加入中国共产党，同年冬任民吉村民兵武装队长。1951年任民吉村党总支书记。

1952年，他响应党"组织起来"的号召，领导翻身农民创办了"民吉村初级农业生产合作社"，受到了省、县领导的重视，省里派孙善英、骆子程等来孙家沟帮助办社，这对王喜明是很大的鼓舞，决心带领农民改变家乡面貌。他常说："党把民吉村这块土地交给咱们来建设，咱们不把它治理得像个样子，咋向党交代？"

为彻底挖掉穷根，王喜明经过充分考虑，提出绿化荒山、建果园计划。有些群众不理解：荒山上种黄豆都长不高、结夹少，"兔子跑露耳朵"种树能行吗？建果园更有点异想天开，这里冬季严寒漫长，果树能成活吗？王喜明向群众解释："路是人踩出来的，不把荒山秃岭装扮起来，就很难改变这落后状态。"群众被说服了，王喜明带领大家上了山，在南山坡一气栽了3垧多果树，后来又扩大到西坡、山脚下的河套，共有七八垧地。品种有海棠、灯笼果、大秋、白沙蜜、黄太平和小苹果等，有的果树株产果800~1 000斤，果园最好年份产果80 000多斤。接着，又建立了苗圃，把山上二十多垧不毛之地，都栽上了落叶松，昔日荒凉的孙家沟变成了绿树成荫、果实累累的风景圣地。

次年，王喜明又带领人们在南山下建一处砖窑，大家拿来条子、麦秸等，算是投资。于是，办起了砖窑，每窑产"手扣砖"18 000块，年产红砖20万块。他们用这些砖建了校舍和办公室。

苦干一年，民吉村成为黑龙江省建设新农村的一面红旗。中央人民政府国务院奖给他们一面锦旗，誉为"爱国增产模范村"。王喜明也成了全国著名的劳动模范。

这年春天，全国著名劳动模范王崇伦、孟泰等一行5人来王喜明社参观，工、农业劳动模范见面了，互相学习、互相鼓励。王崇伦回去后，从鞍钢给王喜明社运来了1台苏式马拉收割机、1台苏式马拉12行播种机，还有化肥硝氨等。

1954年，王喜明领导七一社的干部、社员搞多种经营，先后建立起磨米站、铁匠炉、米面铺、制酒厂和建筑工程队。

1956年，七一社安装了柴油机，开始使用机器磨米面，同时发电供社员照明。到1964年，七一大队积累资金五十多万元，其中流动资金达十二万多元，成为绥化县农村公社比较富裕的大队。他们用集体资金买了两台75马力拖拉机，开始实行田间作业机械化。多种经营越搞越好，成为省里的一个"点"。

1957年，绥化县人民委员会授予王喜明"模范干部"的光荣称号。同年赴京参加全国劳动模范会议。

1959年春并大区，由三福、东珍、兴民和七一四个大队并在一起，叫"七一管理区"。"七一管理区"首先盖起了全县农村第一批砖瓦结构的6所（每所5间），"一面青"的民房50余间，还盖了13间砖瓦结构的校舍。这批房舍所用的砖瓦，都是自己砖窑烧制的。这年9月下旬，王喜明赴京参加新中国成立10周年的国庆观礼。

1969年冬天，王喜明已知自己患了肝硬化症，但他仍带领社员顶风冒雪，竖电柱、拉线，头戴一顶旧羊剪绒帽子，腰扎麻绳，起早贪黑，从不休息，把脸都冻坏了，整整干了一冬，终于把电引到七一大队。

王喜明知道，办事光靠热情不行，还要懂科学技术，绥化有一个叫谢省三的人，新中国成立前在这里有地，土地改革运动时被斗，但这个人懂园艺，王喜明就顶着"阶级混线"的巨大压力，让他管理果园。

王喜明多年奋战在农业生产第一线上，积劳成疾，于1970年10月14日病逝，终年58岁。按他生前的遗嘱将他的遗体安葬在七一大队的土地上。群众为他修了墓，墓前立碑，书刻"王喜明之墓"，以志怀念。

3.李明淑

李明淑，朝鲜族，1931年8月生于朝鲜庆尚北道，1946年10月参加中国人民解放军，在绥化军需被服厂工作。1949年回到绥化县四方台镇，任朝阳村妇女主任、大队党支部书记。

1952年，李明淑响应党的号召，带头组织了一个常年互助组，在能自己建组的时候，她说服婆婆把自己的二垧三亩水田和别人的一垧七亩地无偿地兑换了，使小组的地便于集中管理，顺利地建起了互助组。以后，又带头建立了一个农业生产合作社，年创高产，超额完成公粮任务，1959年被国务院命名为"全国农业社会主义建设先进单位"。

1960年以后，她任党支部书记，仍然保持劳动本色。她除

参加各级干部会以外，几乎天天和社员在一起劳动。春耕时，地还没有完全解冻，她卷起裤子光着脚带头下地打池埂、拉大锹、扶犁翻地。在秋收高潮中，她带领社员贪黑起早，连续奋战130天，这期间她几乎没睡过一个好觉。为夺高产，她亲自培育优良品种，先后培育出"老头稻""红根稻""兴国稻""新雪稻""大雪稻""牡丹江一号"等优良稻种，有的稻种用了4年时间才培育成功。这些稻种在当地大面积推广种植，对水稻增产起到了至关重要的作用。

1970年，李明淑任秦家公社东发大队党支部副书记，1974年任绥化县印刷厂副书记，1986年离休。

李明淑一生中曾3次受到毛主席亲切接见，两次出席全国青年社会主义建设积极分子代表大会，先后获得全国劳动模范、全国"三八"红旗手等各项奖励56项。

她第一次见到毛主席是1959年参加全国群英会，25岁的她见到了毛主席，毛主席和她握手，并亲切地问她是哪个省的，多大年纪，叫什么名字？她激动得说不出话来，康靖同志便代她回答了问话。

新中国成立前参加工作的李明淑老人，无论是社会主义革命时期、社会主义建设时期，还是改革开放的新时期，她都以主人翁精神，爱岗敬业，无私奉献，忠诚地践行着一个共产党员的无悔追求。

1955年，李明叔的事迹被录入由中国新民主主义青年团中央委员会办公厅编制的《伟大祖国的忠诚儿女》，1992年被录入《当代中国朝鲜族女杰》等书籍中。

让昨天和今天告诉明天

——《绥化市北林区革命老区发展史》编纂者的话

按照国家每个老区县独立编纂一部老区发展史的部署，我们开始编纂"绥化市北林区革命老区发展史"（以下简称"老区史"）。历时两年多的时间，经过深入细致地挖掘、征集、整理、撰写、编辑、打印、校对，这部老区史终于出版了。这是全区人民政治生活中的一件大事，是我们对历史和人民的交代，也是把北林的记忆上升为国家的记忆，更是我们对共和国成立七十周年的献礼。

编纂这部老区史，是一项十分困难的工作，难就难在时间久远。一定意义上说，这是一项抢救性的工程。因为当年参加过那场硝烟弥漫的战争，或者经历过那个血雨腥风年代的幸存者已寥寥无几。这给采访挖掘工作造成了无法弥补的缺失。正如有人说，"一位老者的辞世，可能就造成部分文化的流失"。老区史料又何尝不是如此。尽管如此，我们依然怀着对老区历史的敬畏之心，笃定恒心，义不容辞地做下去，因为我们没有任何理由不把这血与火铸就的历史，尽量完整地留给后人。

我们编纂这部史料，就是从北林这样一个较小的侧面，记录下日本侵略者在中国犯下的滔天罪行，记录下在那个烽火连天的年代，为了争取民族解放和人民的自由幸福，党领导人民进行伟大斗争的实践，记录下在那场斗争中所发生的可歌可泣的英雄故事和英雄事迹，从历史的经验中吸取振兴中华的精神力量。

历史是一面镜子，也是最好的老师。用我们身边发生的这些看得见摸得着的历史事实，教育我们和我们的子孙后代，乃至千秋万代的中华儿女，不要忘记我们民族曾经遭受的耻辱，不要忘记我们战胜了多少苦难，才得到民族的解放和国家的振兴。

2019年，是震惊中外的"九一八"事变八十八周年。八十八年的光阴弹指而逝。而今，当我们穿过时光的隧道，打开尘封的记忆，走进历史的深处，抚摸那一张张发黄的照片，翻看那些勾画得十分简洁的"作战地图"，滚滚的硝烟，燃烧的岁月，一张张鲜活的面容，一场场惊心动魄的鏖战，开始在我们的眼前慢慢地浮现。谁说硝烟已经散尽？萦绕在国人心中的硝烟的阴影是无法驱散的。谁说岁月无痕？一个多世纪以来的历史，无时无刻不在诉说中华民族的苦难和屈辱。从"九一八"事变、"七七"事变到9月3日中国抗战胜利，前后14年间，日本侵略者的铁蹄踏遍了半个神州大地，使这片和平的土地深深地陷入水深火热的灾难。惨无人道、穷凶极恶的日本兵到处奸淫、掠夺、杀人、放火，锦绣山河烽烟四起，美丽田园焦土一片，无辜的同胞被奴役、奸淫、杀戮、宰割，无尽的宝藏被侵略者掠走。神州大地到处血流成河，国破家亡，山河破碎，民不聊生。日本侵略者在中国犯下的滔天罪行，虽然时空已经变换，但依然历历在目。

就在民族危亡的严重关头，是中国共产党唤醒了民众，并组织和带领人民展开了艰苦卓绝的救亡图存的伟大斗争。中国共产党在长达14年的浴血奋战中，英勇抗日，在气候极其恶劣、物资极其匮乏、敌人极其凶残、敌我力量极其悬殊的艰难境地下，在白山黑水间，在荒原水畔，在崇山峻岭，在冰天雪地，在青纱帐下，他们与敌人巧妙周旋，斗智斗勇，殊死搏斗，用鲜血和生命抗击侵略者，谱写出气壮山河的英雄篇章。终于，打败了日本侵略者，取得了抗日战争的全面胜利。饱经忧患的民族浴火重生，从噩梦中走了出来，从血与火的呻吟中站了起来。

抗日战争胜利后，作为老解放区的北林党、政、军、民，立刻投入建立民主政权，整治社会秩序，实行土地改革，肃清土匪，大力发展生产，动员人民参军参战，全力支援全国的解放战争，在胜利凯歌声中，迎来了新中国的诞生。

翻身当家做主的北林人，建设国家的积极性像火山一样迸发出来，大力发展生产，多打粮食支援全国的经济建设。改革开放又给这片深情的黑土地带来了新的勃勃生机，经济与社会迅猛发展，一度成为黑龙江省的九龙之首，成为全国百强县之一。特别是党的十八大以来，北林人抓住机遇，砥砺奋进，经济实力大幅提升，人民生活大为改善，城乡面貌发生了翻天覆地的变化，在中国特色社会主义的道路上，不断谱写出一首首可歌可泣的壮歌。

历史是未来的忠实老师。历史和现实雄辩地证明，中国共产党是中国人民的中流砥柱。没有共产党就不会取得抗日战争的胜利，没有共产党就没有新中国，没有共产党中国就不会站起来，富起来，强起来。我们必须紧紧地依靠党的领导，高举中国特色伟大旗帜，沿着中国特色社会主义的道路坚定不移地走下去，早日实现国家繁荣昌盛、人民幸福安宁的中华民族伟大复兴的中国梦。

日月经天，江河行地。

呼兰河横贯北林大地，奔腾不息，不舍昼夜。

它从历史走来——流水呜咽叹国殇。向人们诉说着我们民族曾经的深重灾难，度过的漫天阴霾，遍野哀鸿的苦难岁月；也和她的儿女们，一起迎来了风雨过百花吐艳——祖国的春天。

它从现实走过——流水欢歌颂昇平。向人民讲述着新中国诞生70年来，给黑土地带来的勃勃生机和发展的无限潜能，讲述着站起来，富起来，强起来的中国故事。它见证了六河九岸的沧桑巨变——回荡在两岸的是当家做主的人民的欢声笑语。

它向未来走去——激流澎湃唱大风。它告诉人们，新的时代已经开始，新的蓝图已经擘画，新的目标展示在眼前，新的长征已经出发。民族复兴的伟大中国梦，铸就了我们国家的明天将更加灿烂辉煌。

长风破浪正当时。让我们沿着中国特色社会主义道路扬帆再起航。

祖国的明天一定会更加繁荣强盛。

人民的日子一定会更加美好。

后　记

本书结稿之日，欣逢我们伟大祖国的70华诞。我们就把它作为一份礼物，一份心意，献给祖国，祝贺母亲的生日。

今天，面对如此欣欣向荣、繁荣昌盛的祖国，回顾中国走过的苦难历程、党和人民与侵略者抗争的峥嵘岁月，我们心潮澎湃，感慨万千。

回首过去一百多年的中国历史，留给我们的是数不尽的国殇，流不尽的血泪，沉重得不堪负载的伤痛。封建统治的腐败，列强的纷纷入侵，中国逐渐沦为半殖民地、半封建的社会。特别是1894年，日本侵略者发动的那场让清王朝的北洋水师全军覆没的"甲午战争"，以及1931年他们发动的"九一八"事变，之后对华的全面入侵。更是雪上加霜，使中国的山河破碎，生灵涂炭，中华民族遭受了前所未有的劫难。面对亡国的危机，中国人民没有屈服，在中国共产党的领导下，挺起脊梁，奋起斗争，以百折不挠的精神，进行了一场气壮山河、争取民族独立和人民的自由幸福的斗争，谱写了一曲可歌可泣的史诗。终于，在1949年成立了新中国。新中国成立以后的70年，道路依然坎坷，不知经历了多少风风雨雨，克服了多少艰难险阻，然而站起来的中国人民举国上下，励精图治，奋发图强，探索出一条适合中国国情的中国特色社会主义道路，使原本贫穷落后的中国，从站起来，富起来，到强起来。

再回首，人们不会忘记，在波澜壮阔的伟大革命进程中，老区对中国革命的贡献。在党的领导下，觉悟了的老区人民，把自己的命运与中国革命的命运紧紧地联系在一起，涌现出无数个"妻子送郎上战场，母亲叫儿打东洋（日寇）""最后一尺布，用来缝军装，最后一碗米，用来做军粮，最后老棉袄，盖在伤员的担架上，最后的亲骨肉，送他上战场"惊天地泣鬼神的英雄业绩和动人故事。他们超越了个人利益，散发出了时代的光辉。这就是老区人民获得世人尊敬的根本原因。有人形象地说，"新中国是从老区走来"。

今天，当我们挖掘、整理老区人民斗争史和发展史，清点这笔不朽的精神财富时，依然感到老区精神有一种穿越时空的力量。多少年过去了，依然让人感动和震撼。更加认识到，中华民族在历经长达14年的抗击日本侵略者斗争中形成的伟大抗战精神，在建设自己国家艰苦卓绝的奋斗中形成的创业精神，是我们民族振兴的强大精神动力。时间可以流逝，大地可以荒老，但只要党和人民的事业永葆青春，永远砥砺前行，老区精神便依然年轻，永远值得我们珍惜和传承，依然会激荡起奋进新时代的内心的澎湃。在全面建设小康，实现中华民族伟大复兴的中国梦的过程中，老区精神是不可或缺的精神动力。这就是我们编纂老区史，进而更好地传承老区精神的初衷。

本书在编纂过程中，得到了区委、区政府的重视，相关领导亲自过问、指导。同时也得到了区委宣传部、组织部、区志办、党史办、财政局、老干部局、扶贫办、图书馆等单位和领导的大力支持。

在编纂过程中，我们还采用了《绥化县志》《绥化革命斗争史》《绥化人民抗日斗争史略》《北林文史资料》《绥化地区抗

日烽火》《绥化党史资料》《北林区老区宣传工作手册》《绥化
文史资料》中一些现有的资料和图片，在此对上述图书资料的编
纂者表示感谢。

因为有了上述的关爱和支持，才使得《绥化市北林区革命老
区发展史》得以丰富和完善，使得习近平总书记关于"发扬红色
资源优势，深入进行党史、军史、老区革命史优良传统教育，把
红色基因代代传下去"的指示，得以进一步落实。在此，我们以
老区的名义，郑重地向关心、支持老区史编纂工作的领导和同志
们致以衷心地感谢。

老区是中国革命的丰碑

老区是新中国的摇篮

老区是社会主义大厦的奠基石

老区是中国人民心中的圣地

老区精神是宝贵的精神财富和丰厚的红色资源

老区历史的辉煌永远照亮我们的前程